KB268808

나의 심장은
코리아로
벅차오른다

나의 심장은 **코리아**로 벅차오른다

한국, 한국인의 위대함 재발견

함영준 지음

위·즈·덤·하·우·스

나의 심장은 코리아로 벅차오른다

초판 1쇄 발행 2006년 5월 26일   초판 3쇄 발행 2006년 7월 14일

지은이 함영준   **펴낸이** 김태영

기획 H2기획연대_연준혁

기획편집 2분사_편집장 김일희   **책임편집** 김은정
1팀_고정란 김은정 최유연   2팀_정소연 강정애 이수희   **디자인_**김미영

상무 신화섭   **콘텐츠기획** 노진선미 이유정 이화진   **제작** 이재승 송현주
마케팅 신민식 정덕식 권대관 송재광 박신용 김형준   **영업관리** 이재희 김은실
인터넷사업 정은선 왕인정 김미애   **홍보** 김현종 허형식 임태순   **광고** 김정민 이세윤 임효구 허윤경
경영지원 하인숙 김도환 봉소아 김성자 고은미 최준용   **인사교육** 송진혁

펴낸곳 (주)위즈덤하우스   **출판등록** 2000년 5월 23일 제13-1071호
주소 서울시 마포구 도화1동 22번지 창강빌딩 15층   **전화** 704-3861   **팩스** 704-3891
홈페이지 www.wisdomhouse.co.kr
출력 엔터   **종이** 화인페이퍼   **인쇄·제본** 영신사

ⓒ함영준, 2006   ISBN 89-89313-83-X 03810

자부심 있는 한국인들을 그리면서

여름휴가를 맞아 가족들과 함께 남도지방을 여행할 때였다. 지리산 자락과 연이어진 농촌 그리고 그림 같은 다도해 풍경이 눈에 띄자, 갑자기 가슴속에서 뭉클한 무언가가 솟구쳤다.

'아, 우리나라에 이토록 아름다운 곳이 있었구나.'

세계 어디에 내놓아도 손색없을 절경이요, 가장 한국적인 풍광이었다. 그 '강진, 해남' 땅이 당시 유홍준의 『나의 문화유산답사기 1』의 첫머리에 소개된 바로 그 지역이라는 사실을 안 것은 얼마 후였다.

한국의 아름다움, 한국인의 진면목을 깨닫게 된 것은 아이러니하게도 해외생활을 하면서부터였다. 외국에 처음 나가면 왠지 모르게 주눅이 든다. 이상하게도 한국의 단점과 외국의 장점만 보이기 때문이다. 그러나 시간이 지나면 점점 한국의 객관적인 실체가 눈에 들어오게 된다.

화려하기 짝이 없는 중국과 일본의 도자기에 비해 무덤덤해 보이는 한국의 백자와 청자에서 깊은 예술성을, 주변의 산을 병풍 삼아 자연과 조화를 이룬 경복궁이 외국의 어느 궁성보다 자연 친화적 아름다움을 발산하고 있음을 알게 된 것은 부지런히 외국의 것을 돌아본 후의 일이다.

국내에서 망국병이라고 비판을 받는 한국인의 교육열이 실은 성취의 원동력이요, 손가락질 받던 빨리빨리 정신이 21세기 발전의 점화선이라는 사실을 안 것도 마찬가지다.

언제부터인가 나는 한국, 한국인, 한국 사회를 보다 넉넉한 마음으로 바라보기 시작했다. 물론 한국의 근·현대사를 파헤치면 부정적 요인이 없는 것은 아니지만, 그보다 몇 배 많은 긍정적 사실이 존재한다. 때로는 소란스럽고 불필요한 싸움도 일어나지만, 그보다 몇 배 긍정적 성취와 변화가 일어나는 곳이 바로 한국이다.

한국 야구가 2006년 월드베이스볼클래식(WBC)에서 결승 진출을 앞두고 안타깝게 좌절을 겪었을 때도 나는 실망하지 않았다. 오히려 그곳까지 올라가 준 한국팀이 진심으로 장하다고 생각했다.

전 세계 어디서나 한국의 IT, 전자제품이 최고급 진열대에서 가장 비싼 값에 팔려도 더 이상 놀라지 않는다. 물론 20년 전에는 '메이드 인 코리아'가 찍힌 티셔츠나 신발만 보아도 감격하곤 했지만…. 앞으로 20년 후에 한국산 자동차가 벤츠와 BMW를 능가하는 세계적인 차로 떠오르더라도, 또한 한국의 소설과 그림이 파리의 한복판에서 수두룩하게 팔리는 시대가 올지라도 별로 놀라지 않을 것 같다. 한국인의 저력과 기세로 보아 그것은 당연한 결과일 것이기 때문이다.

하지만 한국 사회에는 아직 2퍼센트 부족한 점이 있다.

그것은 바로 '자부심'이다. 지금까지 한국인은 전란과 가난의 폐허 속에서 오로지 '하면 된다'는 정신으로 원하는 것을 성취해왔다. 자부심은 자신의 가치나 능력을 믿는 자신감을 넘어 '스스로 자랑할 수 있는 마음상태'를 말한다. 과연 한국인은 자부심이 강한가? 자신이 속한 국가, 역사, 사회에 자부심을 느끼는가?

'한국인은 자신들이 이룩한 것이 얼마나 대단한지를 모르는 유일한 민족'이라는 우스갯소리가 있다. 한국인은 짧은 30여 년간 산업화, 민주화, 정보화를 이뤄 최빈국에서 선진국 문턱까지 이른 지구상의 거의 유일한 민족인데도 불구하고, 자신들의 성취를 낮춰 보고 역사를 비판하고 영웅을 만들지 못하고 있다는 비판을 받는다.

왜 자부심이 부족한 것일까? 아마도 그것은 힘든 근·현대사를 살아왔기 때문일 것이다. 요즘의 젊은 세대를 제외하고 한국인은 굴곡지고 억압받고 부조리한 삶에서 자유로울 수 없었다.

또한 엄한 질책과 자기반성의 문화도 자부심을 꺾는 데 한몫을 했다. 우리는 아프리카 수준의 빈곤한 사회에서 살 때도 우리를 일본이나 미국과 비교했다. 덕분에 엄청난 노력을 기울인 것도 사실이지만 그로 인한 마음의 상처도 컸다.

하지만 과거는 갔다. 이제 우리는 당당히 그들과 어깨를 나란히 할 만하다. 자부심이 부족한 사회는 외부로부터의 비판에 자유롭지 못하다. 구성원 상호간에도 너그럽게 이해하려는 관용이나 타협심이 부족하다. 남을 감싸는 포용력이나 배려는 더욱 부족하다. 반면, 자부심이 있는 사회는 진정한 관용과 개방, 호혜, 자율 정신으로 움직이며 발전하는 선순환을 이룬다.

그러한 선순환을 이루는 시발점이 되기 위해 이 책에서는 역설(逆說)이 많이 등장한다. 예를 들면, 과거 한국병으로 불렸던 한국인의 단점은 사실 근거 없는 오해였거나 아니면 어엿한 장점으로 바뀌게 된다. 또한 박정희로 대표되는 산업화 세력과 김대중으로 대표되는 민주화 세력 간의 역사적 화해와 통합도 목격할 수 있다. 이 책이 한국인의 자부심을 불러일으켜 21세기를 한국인의 시대로 만들고, 그것을 고스란히 후손들에게 물려주는 데 밀알이 되었으면 하는 바람이다.

한 가지 밝혀두고 싶은 것은 한국인의 자부심을 불러일으키기 위해 애국심과 민족주의를 차용했다는 것이다. 그러나 이것은 수단일 뿐, 결코 종착역은 아니다. 21세기를 한국인의 시대로 만들려면 보다 열린 마음이 필요하다. 내 나라와 민족을 귀하게 여기는 만큼, 남의 나라와 민족 역시 귀하게 여길 줄 알아야 한다. 그래야만 보다 넓은 의미에서의 열린 세상이 우리 앞에 다가올 것이다.

22년의 기자생활을 마치고 1년 4개월에 걸쳐 이 책을 쓰는 데 집중해왔다. 이제 독자의 평가를 겸허하게 받아들일 때다. 이 책을 내 삶의 역할모델이자 언론인으로 활약하시다 일찍 타계하신 아버지 함택운(咸澤雲) 님의 영전에 바친다. 또한 늘 힘이 되어준 어머니 이혜숙 여사, 아내 유영서, 아들 승훈, 딸 승은에게 드린다.

인생의 어려운 시기에 지속적인 관심과 조언을 아끼지 않은 백승선 더부러인터내서날(주) 대표, 장석홍 국민대학교 국사학과 교수, 김인철 한국외국어대학교 행정학과 교수, 강복희 토토온라인(주) 상무와 자료 제공에 협조해준 이운정 씨에게 고마움을 전한다. 또 전병민 한국정책연구원 고문님께 특별한 감사를 드린다. 아내의 친구로 역시 격려를 아끼지 않은 이여주, 이경희, 김은아 씨에게도 감사한다.

끝으로 이 책을 위해 함께 고생한 위즈덤하우스 김태영 사장님과 직원여러분, 연준혁 기획위원에게도 감사함을 전한다.

2006년 5월 서울 종로에서

함영준

차례

1

한국인에겐 놀라운 힘이 있다

모래알 민족이 붉은 악마로 바뀐 사연

1900년 한국, 세계에서 제일 느린 나라

지킬과 하이드가 교차하는 한국인의 두 얼굴

한국인은 왜 사촌이 땅을 사면 배가 아픈가

한국인의 '끼', 한류 열풍의 원동력

한국인에게 흐르는 두 가지 피, 전사기질과 선비기질

모래알 민족이
붉은 악마로 바뀐 사연

앤디 시에(Andy Xie)는 홍콩서 잘 나가는 아시아 경제통이다. 투자은행 모건 스탠리에서 일하는데 얼마 전까지 대표적인 한국 비관론자였다.

"5년 전부터 나는 일본과 중국 사이에서 샌드위치 신세인 한국의 미래가 정말 걱정스러웠다."

더구나 정치 · 경제의 불투명성, 경직된 노사문화, 세계 제일 강성 노조가 버티는 곳이 바로 한국 아닌가.

그러던 그가 돌연 한국 예찬론자로 180도 선회했다. 아시아 경제를 분석 평가하는 보고서에서 '2005년은 한국의 해' 라고 주장하기도 했다.

"세계는 고도성장을 하고 있는 중국과 인도를 주목했지만, 아시아에서 가장 괄목할 만한 실적을 보인 나라는 한국이었다.”

그가 생각을 획기적으로 바꾸게 된 데에는 2005년 말 홍콩에서 벌어진 한국 농민들의 세계무역기구(WTO) 반대시위가 계기가 되었다. 그렇다고 그가 한국 농민들의 과격시위에 감명을 받은 것은 아니다. 행사 초반에 벌어진 해상시위, 상여시위, 삼보일배, 촛불시위 등 다양한 농민시위를 보면서 한국인의 단결력, 단체문화, 나아가 한국 대기업들의 경쟁력을 간파했던 것이다.

“한국인이 옳았다. 농민시위는 한국의 탁월한 조직력과 응집력으로 이뤄진 문화를 잘 설명해준다. 이같이 훌륭한 조직화라는 강점으로 한국 기업들은 중국 시장을 공략했다. 삼성전자, LG전자, 현대자동차 등이 디자인과 브랜드화로 중국을 폭풍처럼 휩쓸었고, 그들의 성공은 최상의 낙관적인 시나리오도 뛰어넘는 쾌거였다.”

그가 감탄한 것은 공동목표를 향해 일사분란하게 뭉치는 힘, 질서와 예의를 지키려는 자제력, 공(公)을 위해 사(私)를 희생할 줄 아는 헌신적인 자세였다. 한국의 원정시위는 개인주의적이며 안온한 삶에 익숙한 홍콩인들에게 ‘1989년 천안문 사태 같은 충격’을 던져 주었다.

'한국인이라는 것이 자랑스럽다' 라고 외칠 수 있는 토대

거스 히딩크 전 축구대표팀 감독이 한국인에게 2006년 독일월드컵 선전을 기원하는 신년 메시지를 보냈다.

"저는 지금도 2002년의 영광을 잊지 못합니다. 대한민국 국민 여러분이 저와 선수들에게 보냈던 뜨거운 성원, 운동장을 온통 붉게 물들인 붉은 악마 응원단의 물결은 그 이전에도, 이후에도, 어느 곳에서도 볼 수 없는 놀라운 것이었습니다. 한국 선수들이 2006년에 다시 한 번 세계를 놀라게 할 것으로 믿습니다."

평범한 내용이지만 4년 전, 6월의 감격이 되살아난다. 그때 4천만 국민은 하나가 되어 대한민국이 자랑스러운 나라요, 한국인이 훌륭한 민족임을 심장 깊숙이 깨달았다. 단군 역사상 그때처럼 한국인 전체가 즐거워하고 황홀해했던 적도 없었다. 경기가 있는 날마다 한국인은 거리로 나와 어깨동무하고 노래하며 덩실덩실 춤을 추었다. 너나없이 하나가 되어 밤새 잔을 나누고 흥겨워했다.

'Marvelous host Korea'

외국 언론들은 '경이로운 개최국' 이라는 표현을 쓰면서 감탄했다. 1930년 월드컵 대회 시작 이후, 72년 만에 유럽, 미주지역 이외 국가로는 최초로 한국팀이 4강에 올라서만이 아니다. 수십, 수백만 명이 어우러져 전국에서 '광란의 밤' 이 벌어졌지만, 단 한 건의 난동이나 불상사도 일어나지 않았다. 더욱이 거리는 행인들의 자발적인 청소로 말끔히 치워졌다.

한국인은 부드럽고 친절하고 정직하고 평화로운 모습을 보이고 있다. 거만한 국수주의가 아닌 애국심을 갖췄고, 외국인은 혼자서도 '붉은 악마' 사이에서 아무런 걱정 없이 앉아 있을 수 있다. 지난 백 년간 일제의 식민지배, 해방, 분단 그리고 전쟁을 겪은 뒤 한국은 '경제 기적'을 통해 세계에서 가장 번성하는 시장경제를 이뤘다. 한국은 지구상 어떤 국가 못지않게 승리의 순간을 얻기 위해 피땀을 흘려왔고 이제 승리를 즐길 자격을 갖췄다.

—『토론토 선』 2002년 6월 25일자. '한국은 최고의 개최국' 발췌 요약

백 년 전, 한국은 최악의 상황이었다. 정부는 도탄에 빠진 백성을 상대로 착취를 했으며, 절망에 빠진 백성들은 산산이 흩어져 제 살기에 바빴다. 일본 제국주의자들은 이런 상황을 노렸다.

당시 한국 침략의 괴수가 이토 히로부미(伊藤博文)다.

후에 안중근 의사의 손에 사살당한 그는 자기 오른팔이자 일본 극우 결사체 흑룡회(黑龍會) 두목 우치다 료헤이(內田良平)를 내세워 한국 역사와 한국인 부정 작업에 나섰다. 이는 한반도의 영원한 지배를 위해 한국인의 자긍심과 기(氣)를 꺾어 정신을 말살하자는 것이었다. 이때부터 한국인의 비참한 삶은 '선천적인 민족성'에서 연유된 것으로 왜곡되었고, 그 민족성은 '치유불능의

결함투성이’라는 흑색선전과 세뇌공작이 시작됐다.

“조선은 당파싸움으로 망했고, 조선인은 뭉치지 못하는 모래알 민족이다.”

“931차례나 외세 침략을 받은 것은 나라를 지킬 힘이 없었기 때문이다.”

“셋만 모이면 조선인은 싸우고 일본인은 한 마리 용이 된다.”

나라가 망해 가뜩이나 살기가 힘든 데다 일제가 조직적으로 만든 식민사관이 합쳐지면서 이런 말들은 마치 사실처럼 한국인의 뇌리에 깊숙이 박혀 버렸다. 이후로 한국인은 어떤 일이 일어날 때마다 스스로를 부정하고 ‘우린 모래알이야’, ‘역시 엽전(한국인을 비하하는 말)은 안 돼’라며 자조했다.

한국인의 마음속에는 자신감 대신 패배감이, 성취욕 대신 무기력이 자리잡았다. 칭찬이 아닌 비난이 난무했고, 등을 두드려주기보다 손가락질하기에 바빴다. 분열과 반목, 질시가 마치 우리 민족의 대표적인 특성인 것처럼 부각되었다. 이런 상황은 해방 후에도 한동안 계속되었다.

한국 사회가 진흙처럼 굳어지기 시작한 것은 1960년대 이후부터다. 군사독재정권은 ‘뭉치면 살고 흩어지면 죽는다’, ‘잘 살아보세’라는 구호로 단결과 애국, 경제발전을 강조했다. 비록 억압적인 체제이긴 했지만, 한국인은 임진왜란 이래 처음으로 뭉쳐 일사불란하게 움직이기 시작했다.

당시 시대적 과제는 빈곤 추방이었다. 정부는 대기업을 직접 육성하기 시작했고 농촌에서는 새마을운동을 전개했다. 생활이 조금씩 나아지면서 국민들은 땀 흘린 대가가 어떤 것인지를 배웠다.

사회 전반적으로 군사문화가 퍼지며 애국, 충성이 당연한 덕목으로 여겨졌다. 학생들은 학교에서 국민교육헌장을 낭송하며 국기에 대한 경례를 했다. '나는 자랑스러운 태극기 앞에…'를 되뇌며 조국을 생각했다. 강압적인 상황이긴 했지만 한국인은 나라를 위해 목숨을 바치는 것을, 대(大)를 위해 소(小)를 희생하는 당연한 것으로 받아들였다. 청년이 되면 특별한 사유가 없는 한, 군대에 가서 3년을 복무했다. 제대하면 향토예비군에 편입되고, 그 후에는 민방위 편성이 기다리고 있었다.

한국은 또한 효(孝)를 으뜸으로 쳤다. 가정에는 가부장적 권위를 중심으로 끈끈한 가족관계를 보여주는 대가족제, 바깥에서는 나이, 지연, 학연, 군대 등으로 촘촘히 얽힌 사회적 관계가 존재했다. 이런 관계가 씨줄과 날줄처럼 얽이면서 한국인은 위계질서와 조직의 생리를 터득하고 단결심을 배양하게 됐다.

단결심은 당시 군사정권에 반대하던 대학 캠퍼스에도 그대로 이어졌다. 학생들에게 학교는 '투사, 열사, 애국자 양성소'였다. 이들은 '타는 목마름으로'를 부르며 조국을 생각하고 민주주의를 열망했다. 이들의 동지애 또한 무서울 정도로 강했다.

한국의 오른편에서 산업화 세력이 전우애로 똘똘 뭉쳐 국리(國利)에 기여했다면, 왼편에서는 민주화 세력이 동지애로 똘똘 뭉쳐 민복(民福)에 기여했다. 1960～1980년대를 통해 산업화와 민주화가 차례로 실현되면서 국력은 비약적으로 커지고 생활은 날로 향상되었다. 고난의 연속이던 한국인에게 처음으로 국가가, 정부가 국민에게 도움을 준다는 인식이 확산돼 갔다. 더불어 자발적인 애국심과 자긍심이 생겨나기 시작했다.

한국인은 원래 모래알이 아니라 진흙이었다

오늘날, 중국인은 한국의 ‘새마을운동’을 본받아야 할 모델로 삼고 있다. 지도부가 나서서 농촌 발전을 위해 ‘새마을운동을 배우자’고 독려할 정도다.

한국인의 단결력을 가장 부러워하는 나라가 바로 중국이다. 이들은 13억 인구로 4천만 한국 축구를 이기지 못하는 데 대해 고개를 갸우뚱거린다. 왜 중국은 한국과 싸울 때마다 ‘공한증(恐韓症)’으로 쩔쩔매는 것일까? 중국 언론은 ‘정신력 부족’을 꼽는다. 중국과 동남아 모두 일본의 침략을 받았지만, 일본 총리의 공식 사과를 받은 국가는 한국뿐이라는 데 창피함을 느낀다. 일본이 조금만 역사를 뒤틀려고 해도 벌떼처럼 일어나 항의하는 한국인에 대해 외경심을 느낀다. 2005년 봄, 중국에서 일어난 대규모 반일시위도 그 직전 독도 문제에 대한 한국인의 일사불란한 항일시위로 촉발된 것이었다.

한국에 온 중국 관광객들은 고궁이나 박물관을 보고 처음에는 실망감을 느낀다. 중국의 엄청난 문화유산과 비교해 보면 초라하기 때문이다. 그러나 한국인이 심혈을 기울여 문화재를 보호하고 전통을 지키려는 모습을 보고 감명을 받는다. 개발을 빌미로 수천 년 유적지가 파괴되고 돈 몇 푼에 도굴, 암거래가 성행하는 중국과 너무 다르기 때문이다.

중국인 저널리스트 장홍지에(張宏杰)는 "중국이 세계 제1위의 초강대국이 되려면 한국을, 특히 한국인의 단결심을 배워야 한다"고 역설한다.

몇 해 전, 한국에서 한창 잘 나가던 유명 가수 한 명이 병역을 기피해 온 나라가 떠들썩했던 적이 있다. 당시 그가 공연을 위해 비행기를 타러 하자 항공사에서는 그의 탑승을 거부했다. 목적지에 도착했을 때도 그를 기다리는 건 열광적인 팬들이 아니라 병역 기피를 질책하는 화난 군중들이었다. (…) 금융위기 때, 한국의 유학생들은 줄줄이 귀국했다. 외화를 쓰지 않기 위해서였다. (…) 중국인은 기업이 존립하는 목적이 이윤의 극대화라고 보고 일본인은 최고 품질의 상품을 생산하기 위함이라고 보지만, 한국인은 국가와 사회의 발전이 기업의 목적이며 기업은 국가발전의 도구라고 인식하고 있다. (…) 전 세계를 놀라게 했던 한강의 기적은 애국심으로 충만한 국민 개개인의 '한국심(韓國心)'이 모여 이뤄낸 것이라 해도 결코 과언이 아니다.

—장홍지에, 『중국인은 한국인보다 무엇이 부족한가?』

2006년, 월드베이스볼클래식에서 한국 야구팀이 세계 정상의 일본, 미국 대표팀을 이기고 4강에 오른 원동력도 애국심과 단결력이다. 일본 감독도 "(일본팀이) 실력에서는 뒤지지 않는데 정신력에서 뒤졌다"고 자인했다. 경기에 꼭 이겨 조국을 빛내야겠다는 마음이 일본팀보다 한국팀이 훨씬 강했다는 얘기다.

그런 마음이 있기에 박찬호 선수를 비롯해 해외파 선수들이 자신의 입지나 명리(名利)를 따지지 않고 모두 귀국해 대표팀으로 출전했다. 바로 이것이 미국, 일본 선수들과 다른 점이다. 개인주의가 횡행하는 21세기 지구촌이지만 한국에서는 '나라를 위해…', '조국을 빛내려고…'라는 생각이 불문률처럼 통한다.

일본을 꺾은 선수들은 마운드에 태극기를 꽂고 "대한민국에 태어난 게 자랑스럽다"고 말했다. 경기를 직접 본 미국 교민들도 "미국 땅에 살면서 한국인이라는 사실이 이렇게 자랑스러웠던 적이 없었다"고 감격스러워했다. 이는 뒤집어 보면 한국인이 나라에 대한 자부심, 한국인으로서의 자긍심에 목말라했다는 얘기가 된다. 누구보다 고생, 설움, 좌절의 삶을 살아온 한국인…. 이제 이것은 동시대에 그 모든 것을 극복하고 자랑스러운 성취를 누리는 한국인만의 애국적 소회다.

한국팀의 승리에는 또 다른 요소가 어우러져 있다. 아무리 애국심과 단결력이 뛰어나도 실력의 뒷받침이 없다면 승리할 수 없다. 승리의 배경에는 세계무대에서 기량을 쌓은 선수들, 최신 장비와 기술 및 체계적인 훈련으로 무장한 국내 선수들, 그리고 외국 선수들에 대한 철저한 분석과 정교한 데이터가 버티고 있었다. 물론 이것은 경제발전을 통한 산업화, 세계화라는 물적 토대가 없으면 불가능한 일이었다.

또한 선수에서부터 코치, 감독에 이르기까지 '인화(人和)'로 뭉친 팀워크와 리더십은 일방적 지시와 타율로 이뤄진 과거 권위주의 시대와 너무나 달랐다. 이는 상호소통과 자율을 존중하는 민주화 시대에 이뤄진 새로운 한국적 모델이다. 결국 이런 요소들이 복합적으로 작용해 21세기 '대·한·민·국'을 만들어 내고 있다.

이런 의미에서 '붉은 악마'는 21세기 한국인의 상징이다.

붉은 악마는 단순히 경기장 내 응원단을 지칭하는 것이 아니라 새로운 패션이자 사조(思潮)요, 궁극적으로는 정신이자 힘이다.

붉은 악마는 20세기식 단선형 모델이 아니다. 하나의 얼굴이 아니라 여러 얼굴, 다양한 운동 모습을 보여준다.

붉은 악마는 집단주의적이다. 이들은 어딜 가든 똑같은 유니폼에 똑같은 구호를 외치며 일사불란하게 응원을 펼친다. 동시에 붉은 악마는 개인주의적이다. 경기가 끝나면 그들은 각자 개인으로 돌아가 자기 생활을 즐기고 개성을 살린다. 본래 그들은 다양한 직업에 종사하는 여러 계층의 사람들로 가입과 탈퇴가 자유롭다.

붉은 악마는 애국적이다. 모이면 '대·한·민·국'을 외치고 한국의 역사와 문화, 민족을 자랑하며 한국적인 것을 추구한다. 그와 동시에 붉은 악마는 세계적이다. 외국과 외국인을 존중하며 나와 다름을 인정한다. 열린 민족주의를 지향하는 붉은 악마는 상대의 피부색, 이념, 국경을 따지지 않고 어떤 외국인과도 잘 어울린다.

붉은 악마는 극단적 개인주의로 흐르고 있는 21세기 지구상에서 어쩌면 가장 바람직한 역할(role)모델일 수 있다.

개인에서 집단으로, 집단에서 다시 개인으로 돌아가는 그 신축유연한 모습을 어디에서 또 볼 수 있단 말인가! 한국에서 세계로, 세계에서 한국으로 움직이는 그 자유자재한 모습은 또 어떠한가!

주요 경기나 국가적 이슈가 있을 때마다 서울 광화문 일대를 비롯해 전국에 수백만 인파를 모을 수 있는, 그러면서도 질서정연하게 모임을 이끌어가는 붉은 악마의 저력 속에는 시베리아,

만주대륙을 아우르던 기마민족 특유의 에너지가 배어 있다. 만인이 각기 따로 노는 형국이면서 동시에 만 개의 개체가 서로 연쇄충돌하며 무서운 기세로 확산되는 공동체의식이 깊게 자리하고 있는 것이다.

붉은 악마의 주축인 젊은 세대는 한국 역사상 가장 부강한 시대에 태어나 자랐다. 배고픔이 아닌 풍요로움 속에서 살았고, 독재의 어두운 모습이 아니라 민주화 이후 밝은 세상을 보며 자랐다. 국내만 보지 않고 세계도 보았다. 이들에겐 윗세대가 지닌 그늘이나 왜곡됨, 콤플렉스가 없다. 대신, 세계 경제 10위권까지

◖◗ **2050년 국가별 1인당 국민소득 전망**　　　　　　　　　단위: 달러

순위	국가	1인당 국민소득
1	미국	89,663
2	한국	81,462
3	일본	80,492
4	프랑스	79,807
5	영국	79,203
6	독일	73,094
7	캐나다	71,993
8	이탈리아	62,083
9	러시아	55,630
10	멕시코	52,990

● 자료: 골드만삭스 리포트(2005년 12월 1일)

올라간 '코리아 파워'에 대한 자부심, '우리도 세계 정상에 오를 수 있다'는 자신감이 가득하다.

바로 이러한 자부심과 자신감이 한국에 대한 자발적인 애국심으로 승화하여 단결력을 배가하고, 결정적인 순간 놀라운 힘으로 발휘되고 있다.

그동안 한국에 대해 비관적이었던 모건 스탠리의 앤디 시에가 낙관론자로 바뀌었듯, 앞으로 수많은 앤디 시에가 나와 한국인의 눈부신 활약에 박수와 존경을 보낼 것이다.

1900년 한국, 세계에서 제일 느린 나라

지금 한국인은 '빨리빨리'를 외치는 지구상에서 가장 바쁜 민족이지만, 백 년 전만 해도 제일 느린 민족이었다. 19세기 말, 한국을 여행한 영국인 이사벨라 버드 비숍(Isabella Bird Bishop, 1831~1904)의 이야기다.

"서울은 단조롭고 더럽고 죽은 도시다. 사람들은 게으르고 무기력하다. 서울의 산에서 볼 수 있는 황토색은 진흙 벽, 초가지붕, 진흙탕 도로 색과 똑같다. 이런 단색(單色)의 도시에 오직 검은색과 흰색의 옷을 입은 사람들이 걸어 다닌다. 때 묻은 흰 옷을 입고 무언가를 운반하는 짐꾼들, 빈민가 귀퉁이에서 삶을 흘려보내고 있는 활기 없고 더러운 아이들, 고기토막에 힘없이 꼬리를 흔드는 다갈색 개들…."

그녀에게는 서울이 '목적 없이 빈둥거리는 군중의 중세적 행렬' 처럼 보인 모양이다. 어딜 가나 한국인의 인상이 비슷했는지 여행기에 제물포(지금의 인천)를 소개하면서 주민에 대한 설명은 생략했다. 어른, 아이 할 것 없이 무기력하게 어슬렁거리고 있어 쓸 얘기가 없다는 것이었다.

비숍과 조지 커즌(George Curzon, 1859~1925) 등 구한말 한국을 다녀간 외국인들은 한결같이 한국인의 게으름을 지적했다.

그들에게 한국인은 움직여야 하는 이유를 모르고 가만히 서 있는 듯이 보였다. 표정은 미련하고 뚱하며 시선은 둔감하고 멍한 채 무관심을 드러냈다. 또한 누워서 빈둥거리며 생각에 잠기기를 좋아했다. 소를 몰거나 다른 일을 할 때도 언제나 사색을 즐기는 '타고난 철학자들' 이라는 조롱 섞인 시각도 있었다.

구한말 한국의 전체적 인상은 생명력의 부재, 아무 일도 일어나지 않는 단조로움, 변하지 않는 정체(停滯) 그 자체였다. 쇠락하고 죽어가는 나라였다. 한국인은 궁중부터 밑바닥 빈민가까지 개혁에 끈질기게 저항했는데, 이는 '느리고 타성에 젖은 민족만이 보여주는 방식' 이라고 영국인은 결론지었다.

당시 외국인이 한국을 '고요한 아침(morning calm)의 나라' 라고 부른 것은 결코 호의적인 뜻이 아니었다. 서울대학교 박지향 교수는 "근면과 자조를 최고의 가치로 간주하던 19세기 영국인에게 한국인의 느림과 게으름은 후진성의 명백한 증거였다"고 밝혔다.

반면, 일본을 '떠오르는 태양(rising sun)' 으로 표현한 것은 긍정적인 의미였다. 이는 메이지(明治)유신 이후, 활발한 개혁을 벌였던 일본의 진보성을 잘 나타낸다.

세계를 주름잡는 스피드 문화

1961년, 한국의 1인당 국민소득은 82달러로 세계 최하위였다. 국민의 3분의 2 이상이 하루 세 끼를 못 먹던 시절이라, 굶주림으로부터 벗어나는 것이 최선의 인권운동이었다.

정부는 하루빨리 빈곤을 추방하고 근대화를 이룩한다는 목표를 세우고 국민을 '빨리빨리' 정신으로 거세게 밀어붙였다. 예를 들어 1965년의 국민 슬로건은 '올해는 일하는 해' 였고, 1966년은 '더 일하는 해' 였다.

당시 '빨리빨리' 정신의 주역 중 한 사람이 '불도저시장' 으로 불리던 김현옥 서울시장이다. 그는 경제성장과 함께 폭발적으로 팽창하는 서울의 주택난과 교통난을 해결하기 위해 불철주야 '빨리빨리' 를 외치며 개발계획을 밀어붙였다. 1966년부터 1970년까지 만 4년 4일간 단 하루도 쉬지 않고 낡은 동네를 허물어 새 건물을 짓고 도로를 넓히는 일에 몰두했던 것이다.

남산 1·2호 터널, 마포대교, 북악스카이웨이, 강변도로 등 지금 서울의 모습은 이때 거의 이뤄졌다. 수많은 공사가 한꺼번에 이루어져 전국의 시멘트, 철근, 골재가 바닥나는 바람에 경제기획원 장관이 '공사중지'를 지시했지만, 그는 듣지 않고 '빨리빨리'를 외쳤다.

결국 와우아파트 붕괴사고로 물러난 그는 서울시를 단기간에 개발한 탁월한 행정가, 우리나라 부실·졸속공사의 대부, '빨리빨리' 문화의 주범 등 다양한 평가를 받고 있다.

개발독재시대, 또 한 명의 '빨리빨리' 주역으로 현대그룹 정주영 회장을 빼놓을 수 없다. 그는 단군 이래 최대 토목공사로 불리는 경부고속도로 건설을 불과 2년 5개월 만에 해치워버렸다. 세계 고속도로 사상 최단시간 기록이다.

공사구호 자체가 '빨리빨리'였다. 정주영은 아예 공사현장에서 인부들과 숙식을 함께하며 작업을 지휘했다. 백 년 이상 뒤떨어진 조국의 근대화를 하루라도 앞당기겠다는 강박관념이, 정주영을 비롯한 건설사 임직원과 정부, 관리들을 하나로 뭉치게 했던 것이다.

이런 과정을 통해 '빨리빨리' 문화는 좋든 그르든 한국 사회와 한국인의 의식에 깊이 침투했다.

이런 우스갯소리가 있다.

한국 관광객들이 LA에 있는 중국 음식점에 들러 음식을 시켰다. 이들이 채 3분도 되지 않아 음식이 빨리 나오지 않는다고 독촉하자, 보다 못한 중국집 주인이 또렷한 한국말로 역정을 냈다.

"우리 사람, '빨리빨리' 소리 듣기 싫어 미국으로 이민 왔는데 여기서 또 '빨리빨리' 소리 들어 해!"

이 해묵은 농담은 한국인의 급한 기질을 그대로 드러내준다. 중국인이 매사에 느긋하고 일본인이 참을성이 많은 편이라면, 한국인은 조급하고 성질을 잘 내는 축에 속한다. 이런 탓에 장기적이라기보다 눈앞의 실적에 급급한 편이다.

일본의 사업가들은 한국 기업의 의사결정 속도가 일본의 10분의 1 정도밖에 안 걸린다고 혀를 내두른다. 일본 통신사의 서울 특파원은 "무모할 정도로 빨리 결정을 내리는데도 대부분 성공하고 있다"고 감탄한다.

한국인의 휴대폰 교환 주기는 1.6년이다. 덕분에 세계에서 가장 '빨리빨리' 휴대폰을 바꾸는 민족으로 유명하다. 워낙 기존의 것에 금방 싫증을 내고 새로운 것을 추구하는 탓이다. 어떤 이는 이를 두고 한국인의 '먼저 정신'이라고 부른다. 남보다 빨리 무언가를 선점하려는 욕구가 강하다는 것이다.

지금 한국인의 급한 기질을 보면 '빨리빨리'는 한국인의 천성인 듯싶다. 그렇다면 19세기에 한국인은 세상에서 제일 느렸다는 평가는 어떻게 받아들여야 하는가. 한국인의 진짜 천성은 무엇인가.

원래 한국인 조상은 수천 년 전 상고(上古)시대부터 만주벌판

과 중앙아시아 초원을 말 달리며 누비던 기마민족이다. 인종적
으로는 칭기즈칸과 같은 북방 몽골계다. 이들은 한 군데 정착하
기보다 끊임없이 새로운 곳을 찾아 헤매는 역동적이고 호방한
기질, 거칠고 급한 성격의 소유자였다. 이들의 스피드기질은 중
세 칭기즈칸의 몽골 군단에 그대로 이어졌고 한국인의 핏줄에도
강하게 심어졌다.

최근 한국 대기업들의 발빠른 세계화를 칭기즈칸식 '스피드
경영'으로 부르는 것도 비슷한 맥락이다. 스피드가 가장 중요한
자동차산업에서 현대자동차가 불과 30여년 만에 세계 7위권 자
동차회사로 떠오른 사실이 단적인 예다.

운동에서도 한국인은 스피드에 강하다. 세계 쇼트트랙 스피드
스케이팅에서 남녀 공히 10년 이상 금메달을 놓치지 않고 있으
며, 인라인 스피드 스케이팅에서도 궉채이가 주니어 부문을 석
권했다. 최근에는 일반 스피드 스케이팅에서도 기력이 월등해져
세계 여자 주니어선수권 대회를 석권했다.

그러나 한국인의 이 같은 스피드 정신은 조선시대 후반기에는
죽어 있었다. 당시에는 국내 리더십의 고갈, 부패와 착취구조로
인해 국민들의 의욕 자체가 사라져버렸던 것이다. 하지만 해방
후, 한국인을 무력하게 만들었던 조선조와 일제(日帝)의 억압구
조가 해체되면서 한국인의 에너지는 폭발하기 시작했고 그것은
산업화로 이어졌다.

'빨리빨리' 문화는 21세기 IT와 찰떡궁합

21세기 IT시대에는 백만 분의 1의 오차도 허용되지 않는 초정밀 기술을 요한다. 이런 시대에는 한국인의 '빨리빨리'나 '대충' 기질이 맞지 않을 줄 알았다. 그러나 결과는 정반대였다. 오히려 21세기는 한국인의 급하고 화끈한 성격과 찰떡궁합처럼 맞아떨어져 시너지를 발휘하고 있다. 단 몇 초 안에 클릭을 연발해 사이트를 옮기는 급한 성질이 초고속 인터넷 문화를 선도하고 있는 것이다.

IT분야에 모인 한국 인재들은 밤잠 안 자고 개발에 나서, 외국 첨단기술도 초고속으로 습득했다. 물론 여기에는 '무대뽀' 정신도 합류했다. 1995년에 휴대전화 통신에서 부호분할다중접속(CDMA) 방식을 상용화했고, 1997년에는 초고속 인터넷 서비스를 시작했다. 이후 7년 만에 가입자 1천2백만 명, 백 명당 초고속 인터넷 가입자 수 23.3명으로 세계 최고 수준을 기록했다. 단군 이래 인쇄술에 이어 두 번째로 한국이 세계 기술, IT문화를 선도하게 된 것이다.

그 대표적인 기업이 삼성전자다.

2001년 8월 초 일본 도쿄 오쿠라 호텔, 삼성그룹 이건희 회장은 삼성전자 메모리사업부의 황창규 사장을 급히 불렀다.

"도시바가 플래시 메모리를 합작하자고 제안해왔네. 우리가 독자 개발해 도시바를 이길 수는 없을까?"

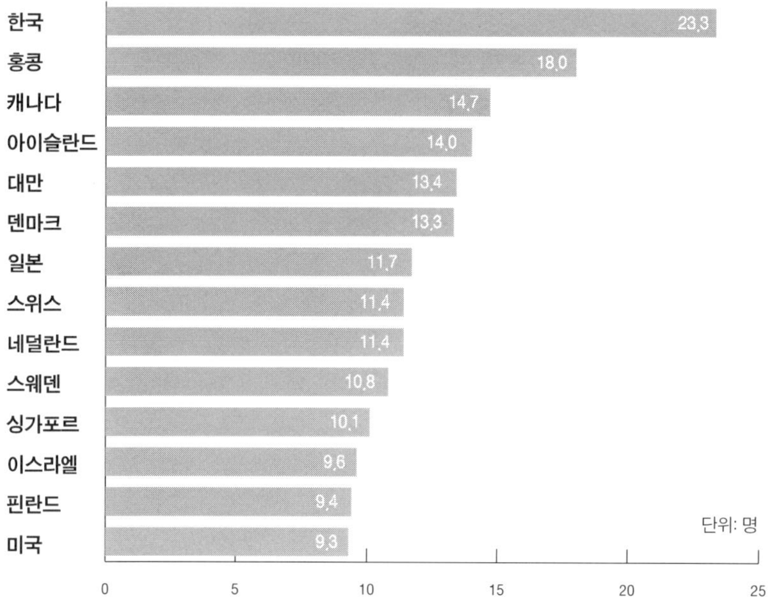

플래시 메모리(flash memory)란 전원이 끊겨도 저장된 정보가 지워지지 않는 기억장치로 디지털카메라 등 각종 디지털 첨단제품과 MP3 플레이어, 휴대폰의 핵심부품으로 쓰인다. 도시바와 합작해 안전하게 가느냐 아니면 위험을 무릅쓰고 도전하느냐의 갈림길이었다.

황 사장은 주저하지 않고 대답했다.

"독자적으로 개발해도 이길 수 있습니다. 이미 준비를 끝냈습니다.”

이후, 삼성전자는 1년 만에 도시바를 제치고 낸드(NAND·데이터 저장형) 플래시 메모리 시장을 장악했고, 2005년 현재 세계 시장점유율 53퍼센트를 차지하고 있다. 결과적으로 MP3 플레이어 시장에서 한국이 세계 최강이 됐고, 노키아 등 톱 휴대폰 업체나 게임기 제조업체는 삼성의 플래시 메모리가 없으면 제품을 못 만들 정도가 됐다.

삼성전자가 미·일 전자 강국을 제치고 IT분야에서 선두로 질주하게 된 결정적 요인은 ‘빨리빨리’ 전략에 있다. 첨단업종은 시간싸움이므로 무조건 앞서가야 한다는 것이 회사 방침이었다.

이건희 회장의 말이다.

“시간과의 싸움을 어떻게 전개하느냐가 관건이다. 기회를 놓치면 엄청난 손실이 발생한다. 이를 만회하려면 그보다 더 많은 시간이 필요하다.”

이런 전략 덕분에 삼성은 액정표시장치(LCD, liquid crystal display) 시장에서도 일본을 제치고 선두에 올라섰다. 반도체, LCD 등 삼성이 생산하는 20여 개 월드 베스트 제품은 ‘돌다리도 두드리면서 건넌다’는 신중한 기존 문화 대신, ‘나무다리라도 있으면 건너가야 하며, 그것도 토끼처럼 뛰어서 남보다 먼저 가야 한다’는 ‘빨리빨리’ 전략이 낳은 결과다. 삼성뿐 아니다. LG전자, LG필립스, 현대 하이닉스, 팬택 등 한국의 유수 IT업체들은 이미 세계 최고 브랜드로 발돋움하고 있다.

한국인의 '빨리빨리' 문화는 신의 축복이다. 물론 동전의 양면처럼 '빨리빨리' 문화에는 그늘진 면도 많다. 날림·부실공사, 대충·적당주의, 법 경시 풍조가 판쳤고, 대형 참사가 연이어 터지기도 했다. 또한 '빨리빨리' 의 강박감은 '예스(Yes)' 만을 강요하는 비합리적인 조직문화를 낳았다. '모로 가도 서울만 가면 된다' 는 편의주의적 사고방식, 목표달성을 위해 수단과 방법을 가리지 않는 목표지상주의도 대세를 이뤘다. 이 과정에서 위법과 탈법이 판쳤음은 물론이다. 황우석 교수 사건도 그 중 하나다.

그래도 한국인은 '빨리빨리' 덕분에 남들이 3백 년 걸려 이룩한 산업화를 30년 만에 해치웠다. 지구상 최빈곤국에서 세계 10위권 산업국가로 발돋움하느라 숨 가쁘게 달려왔다. 어딜 보나 벌거숭이 민둥산이었던 한국을 지금처럼 울창한 산과 숲으로 바꾼 산림녹화사업의 성과는 세계를 감탄케 했다.

굶는 사람이 태반이던 시절에 '교육만이 살 길이다' 라며 과감하게 의무교육을 전면 도입해 고학력 사회를 실현했는가 하면, 끈질긴 투쟁으로 민주화를 쟁취하고 정권의 평화적 교체를 이뤄냈다. 온 세계가 참가한 1988년 서울올림픽과 2002년 한일월드컵의 성공적 개최, 세계 첨단의 정보화사회 건설… 다른 나라가 백 년 걸려도 이뤄내기 어려운 일들을 분단국가가, 그것도 한 세

	1953년	1960년	1970년	1980년	1990년	2000년	2004년
국내총생산 (명목GNI)	13억	20억	81억	638억	2,637억	5,118억	6,801억
1인당 GNI	67	79	254	1,645	6,147	10,841	14,162

● 자료: 한국은행 ‘숫자로 보는 광복 60주년’
● 참조: 2004년 국내총생산은 1953년 대비 523배 성장, 1인당 GNI는 211배 성장.
● GNI(gross national income)는 국민총소득. 명목 GNI는 물가상승분을 반영하지 않은 현재의 가격으로 평가한 소득을 말함.

대 안에 모조리 이루었다.

‘한강의 기적’을 낳은 정신이 ‘하면 된다’는 자신감이라면 이를 실현하기 위한 행동수칙 1호는 ‘빨리빨리’였다. 물론 과(過)도 많았다. 그렇다고 그보다 훨씬 많은 공(功)을 잊어서는 안 된다. ‘빨리빨리’는 기선을 제압하고 목표를 선점하는 병법의 근원이요, 속도전이다.

돌이켜 보면 한국의 ‘빨리빨리’ 문화는 1960년대의 절대 빈곤에서 탈출하기 위한 부득이한 생존술이었다. 고도성장을 빨리 달성하려는 스피드 경영이었다. 나태한 한국을 바로 세우겠다는 개혁 진보운동이었다. 그 결과 세상에서 제일 게으르고 느림보라는 소리를 듣던 한국인이 가장 부지런하고 바쁜 국민이 됐을 뿐 아니라, 21세기 IT시대에 그 진가를 유감없이 발휘하고 있다.

2005년 11월 중순, 부산에서 열린 아시아태평양경제협력체

(APEC) 정상회담 때 행사의 스타는 단연 '와이브로(WiBro) 서비스'였다. 와이브로란 기존 '유선 초고속 인터넷 서비스'가 아니라 시간과 장소에 구애받지 않고 언제 어디서나 사용할 수 있는 '무선 초고속 인터넷 서비스'를 말한다. KT는 각국 정상과 보도진들이 참석한 가운데 이 서비스를 시연하고 각각 체험하게 해 다시 한 번 IT 강국의 위상을 과시했다.

앞으로 유·무선 통합과 기술혁신을 통한 뉴 미디어의 등장 그리고 이를 활용한 새로운 통신 서비스가 경이로운 제2의 IT혁명을 이끌어낼 것이다. 물론 그 주도국은 한국이다.

『월스트리트저널』은 2006년 1월 23일자에서 삼성전자의 매출이 곧 세계 최대 기술기업 IBM을 능가할 것 같다고 보도했다. 전 세계 반도체·IT 업체들은 '가자 한국으로'를 외치며 속속 한국에 진출해 디자인센터나 연구개발(R&D)센터 등을 개설하기 시작했다. 이제 한국은 'IT 코리아'를 넘어 유비쿼터스 강국 'U-코리아'로 발전해 세계 시장을 호령할 것이다.

세계적 베스트셀러『렉서스와 올리브 나무』의 저자이자『뉴욕 타임스』칼럼니스트인 토마스 프리드만(Thomas L. Fridman)은 성공하는 국가의 첫 번째 습관으로 스피드를 꼽았다. IT, 세계화, 무한경쟁으로 상징되는 21세기에 성공하는 국가가 되려면 얼마나 빨리 의사결정을 내리고 행동으로 옮기며 변화에 적응하느냐가 관건이라는 얘기다. 이 점에서 한국은 단연 세계 최고다.

지킬과 하이드가 교차하는
한국인의 두 얼굴

황우석 교수 사건을 놓고 반성하는 것은 좋지만, 기죽을 것까지는 없다. 낙담할 필요도 없다. 물론 이 사건은 한국인의 자부심에 깊은 상처를 주었고, 단기적으로는 그 맛이 좀 쓰다. 그러나 장기적으로는 한국 사회를 더욱 건강하게 만드는 보약 같은 사건이다.

도리어 외국인의 시각은 긍정적이다. 이 사건이 다름 아닌 한국인의 손으로 파헤쳐졌다는 점에서 한국의 자정(自淨)능력을 높이 평가한다. 미국의 『뉴욕타임스』나 『워싱턴포스트』지 등은 한국의 체크·검증시스템이 훌륭히 작동하고 있으며, 한국 과학계의 수준이 한 단계 업그레이드될 것이라고 진단했다. 또한 노벨물리학상 수상자이자 한국과학기술원(KAIST) 총장인 로버트

러플린(Robert Betts Laughlin)은 이렇게 말했다.

"미국의 세계적인 벨연구소에서도 비슷한 사건이 발생한 적이 있다. 노벨상 후보자였던 얀 헨드릭 쇤(Jan Hendrik Schön) 박사의 부정행위가 황 교수와 놀랄 정도로 유사했다. 이처럼 세계적인 연구소에서도 간혹 이런 일이 일어난다. 한국인은 너무 죄책감을 느낄 필요가 없다. 비록 아프고 쓰리지만 일정기간이 지나면 한국인은 스스로 생각했던 것보다 더욱 강한 존재라는 것을 발견하리라 생각한다."

이웃 일본인은 "스고이(대단하다)"라고 말한다. 황 교수 사건을 둘러싸고 사회 전체 구성인자가 몽땅 달려들어 나라와 진실을 위해 격렬하게 싸우는 논쟁을 보고서 말이다. 이는 마치 나락으로 향하는 사생결단의 싸움처럼 보일 수도 있지만, 일본인의 눈에는 한국 특유의 발전적 다이내미즘(Dynamism)으로 비춰지는 모양이다. "어차피 개선을 위한 싸움인데 사이좋게 왁자지껄, 시끌시끌하게 싸워 끝장을 보라"고 박수를 친다.

조선일보 선우정 도쿄특파원의 분석도 이채롭다.

"지난 15년간 정체 상태를 이어온 일본인에게는 이같이 거친 토론문화와 무언가를 위해 싸우는 열정이 절실히 그리울 수밖에 없다. 일본인이 반해버린 한류도 '용사마' 그 자체가 아니라 '여인을 위한' 용사마의 섬세한 열정이며, '붉은 악마' 보다는 '나라를 위한' 국민들의 뜨거운 마음이었다."

한국인에게는 무언가가 있다. 한 번 분위기를 타면 한국인은 무서워진다. 대구에서 공작기계 부품업체 기술고문으로 일하는 일본인 마쓰오카 준키치(松岡順吉) 씨는 이를 맵고 단단한 ‘마늘’에 비유한다.

“한국 기술자들은 일에 대한 집중력이 대단하며 손놀림이 뛰어나다. 특유의 신바람을 타면 세계 최고의 제조업 강국이 될 수 있는 자질을 타고났다. 안타깝게도 요즘 일본에서는 이 같은 열정을 찾아보기 힘들다.”

그의 말처럼 한국인은 잘 나갈 때면 그렇게 열정적이며 헌신적일 수 없다. 그러나 한 번 어긋나면 또 그렇게 고집스럽고 이기적이며 폐쇄적일 수 없다. 지킬과 하이드가 교차하는 두 얼굴을 지녔다.

과거 대우자동차 부평공장은 ‘극렬 노동운동의 메카’였다. 결국 2002년 대우자동차가 미국 GM에 넘어갈 때 부평공장은 인수 대상에서 제외됐다. 회사에 그토록 적대적인 근로자들과는 함께 일할 수 없다는 이유였다. 그러면서 ‘만약 노사평화와 생산성ㆍ품질 향상을 가져온다면 6년 안에 인수하겠다’는 조건을 남겼다.

이후, 부평공장 노사는 이를 악물고 서로 손을 꽉 잡았다. 그 결과 노사평화가 이루어지고 생산성과 품질은 하루가 다르게 좋아져 결국 2005년 10월, 당초 약속보다 2년 앞당겨 GM대우에 인수됐다. 이와 함께 해고됐던 1천725명의 근로자도 2006년 6월까지 모두 복직키로 했다. 2002년까지 부평공장의 근로자들이 '하이드'였다면 이후 모습은 '지킬'이다.

'욱' 하다 몰매 맞는 냄비근성

한국인의 상반된 성격 뒤에는 '냄비근성'이 자리잡고 있다. 냄비가 빨리 끓고 또한 빨리 식듯, 한국인은 어떤 일이 생기면 쉽게 흥분하거나 한쪽으로 쏠리다가도 시간이 지나면 언제 그랬냐 싶게 금방 가라앉거나 평상으로 돌아와 버린다는 것이다.

한국인은 열정과 격정의 소유자다. 거창하게 국익을 위한 일에도 흥분하지만, 대수롭지 않은 사소한 일에도 '불끈' 한다. 한국인의 격렬한 성격은 선천적으로 북방 유목민족의 거친 기질 탓일수도 있다. 또 오랜 기간 왜곡된 체제 밑에서 억눌려진 한(恨)의 표출일 수도 있다. 한국인과 대조적으로 감정 표출을 꺼리는 일본인은 한국인을 '매우 화를 잘 내는 민족'이라고 말한다.

한국 사람들의 성격은 불같다. 너무 빨리 흥분하고 너무 쉽게 실망하며, 모든 것을 너무 빨리 잊어버린다. (…) 한국에는 정서를 담은 표현이 풍부하지 않은 대신 '욕' 하나만은 세계 어디에 내놓아도 뒤지지 않을 만한 수준에 올라 있다.

―이케하라 마모루(池原衛), 『맞아 죽을 각오를 하고 쓴 한국, 한국인 비판』

비판을 즐기는 사람들은 한국인이 냄비처럼 빨리 식는다고 지적한다. 감정상으로는 맞는 얘기다. 한국인은 격렬하게 싸우다가도 금방 화해한다. 술 한 번 같이 먹으면 풀어지는 경우가 많다. 그러나 일본인은 다르다. 화를 잘 안 내기는 하지만, 일단 한 번 다투면 평생 감정을 안고 산다. 물론 그들의 참을성은 본받을 만하다. 그러나 마음속의 응어리를 풀지 않고 평생 살아간다는 것은 얼마나 비생산적인 에너지 낭비인가.

한국인이 매사를 빨리 잊는다는 지적은 천만의 말씀이다. 사소한 일은 잊어버리지만, 나라 혹은 국익과 관련된 일은 결코 잊지 않는다. 『월간중앙』이 2005년 말, 미·중·일 3개국 국민을 대상으로 실시한 '한국 이미지 조사'를 보면 일본인의 68.5퍼센

◖◗ 한국은 과거를 잊지 않는 나라다

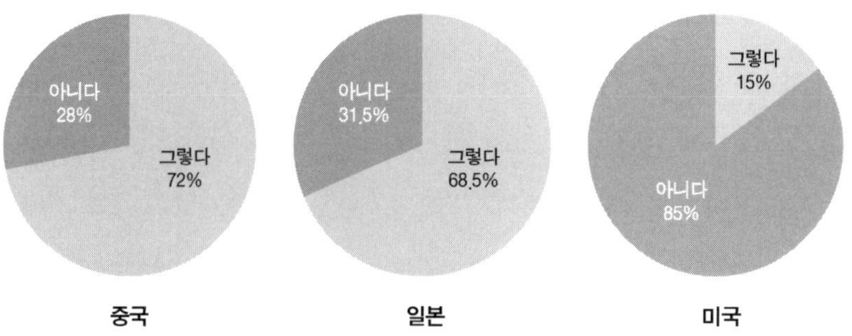

● 자료: 『월간중앙』이 2005년 말 미·중·일 3개국 국민을 대상으로 실시한 '한국 이미지 조사'
이슈기획 '코리아' 이미지 숯해부— '한국' 하면 무엇이 먼저 떠오르나

트, 중국인의 72퍼센트가 '과거를 잊지 않는 나라가 한국'이라
고 답변했다. 일제 식민지배가 끝난 지 60년이 지났는데도 사과
와 보상, 항의를 그치지 않는 한국인의 모습이 제일 먼저 생각난
다는 얘기다.

과거에는 먹고사는 게 힘들어서 공공문제에 대한 관심이 부족
했지만, 지금은 다르다. 미군 범죄가 발생하면 광화문이 당장 촛
불시위로 뒤덮인다. 독도 문제만 터지면 주한일본대사관과 문화
원 주변은 시위장으로 변한다.

한국인의 냄비근성이 표출된 대표적 사건이 1997년 말에 닥친
'IMF 위기'다. IMF 사태를 야기한 것도 냄비근성이지만, 이를
극복한 것도 냄비근성 덕택이다.

IMF 위기가 터지기 직전, 금융도시 홍콩은 한국 금융기관들로
법석이 났다. 당시 김영삼 정권이 세계화 정책에 따라 과감하게
금융시장을 개방하자, 한국의 금융기관들은 무려 83개나 홍콩에
진출해 삼류 국제 금융거래를 하고 있었다. 세계화 정책 방향 자
체는 맞는데, 외국 선진자본 시장의 속사정이나 기법도 모른 채
덜컥 문을 열어 놓은 것이 화근이었다.

홍콩에 진출한 영국계 금융기관의 한국 담당 데스크는 이렇게
푸념을 털어 놓았다.

"한국의 금융기관들이 너도나도 위험도가 높은 제3세계 금융

상품들을 마치 카지노 하듯 사고팔고 있다. 쉽게 흥분하고 달아오르는 한국인 기질이 그대로 나타난다."

그런데 홍콩뿐 아니라 한국도 냄비같이 들끓고 있기는 마찬가지였다. 한국은 불과 몇 달 전, '선진국 클럽'이라는 경제협력개발기구(OECD)에 가입해 그 기세가 대단했다. 대기업들은 넘쳐나는 흑자와 외자유치로 저마다 팽창일로의 사업을 전개했다. 어느 분야가 잘 된다 하면 모두 후끈 달아 떼로 몰려가 이전투구(泥田鬪狗)를 벌였다. 자동차의 경우 현대, 대우, 기아, 쌍용, 동아에 삼성자동차까지 가세했다.

삼성과 현대가 석유화학공장을 짓는가 하면, 한보와 현대가 포항제철에 맞서 철강회사를 차렸다. 진로소주는 유통 · 건설 · 케이블 TV, 해태제과는 전자 · 유통업, 속옷회사 쌍방울은 종합 리조트사업, 청구건설은 백화점에다 방송사업에까지 뛰어들었다.

만약 이처럼 달아오른 경기가 일순간에 바뀌어 거품이 꺼진다면 어찌될 것인가! 안타깝게도 몇 달 후, 우려하던 사태가 기어이 터지고 말았다. 그 해 7월 태국, 인도네시아 등을 중심으로 아시아 금융위기가 발생했고, 11월에 한국이 사정권에 들었다. 한국에서는 이미 상반기에 삼미, 진로, 대농, 한신공영 등 재벌기업들이 줄줄이 쓰러진 상태였다. 결국 11월 말, 김영삼 정권은 IMF에 손을 들고 항복했다.

외부동향에 거의 무지하던 한국인은 갑자기 닥친 국가부도 사태에 놀랐다. 후끈 달았던 낙관론은 금방 싸늘하게 식어 비관론으로 바뀌었다. 홍콩에 난립하던 금융기관들은 대부분 한 달 만에 짐을 싸 철수하기 시작했다. 그야말로 밀물처럼 밀고 들어갔다가 썰물처럼 빠져나왔다. 홍콩을 왕래하는 한국인의 숫자도 3분의 1 수준으로 추락했다.

6·25 이후, 최대 국난이라는 IMF 위기를 겪으면서 한국인이 받은 스트레스나 울화는 대단했다. 격렬한 기질의 한국인에겐 그것을 풀 어떤 대상이 필요했다. 때마침 월드컵이 열렸고 한국 축구팀은 졸전을 면치 못했다. 한국인의 분노는 당연히 국가대표 축구팀 감독 차범근에게 집중됐다.

IMF 사태 전만 해도 차범근의 인기는 하늘을 찌를 듯했다. 국정이고 민생이고 뭐하나 신통한 게 없던 김영삼 정권 말기, 국민들은 차범근의 축구에 애오라지 기대를 걸었다. 그는 프랑스월드컵 예선전에서 6승 1무 1패의 뛰어난 성적으로 조 1위를 기록하며 월드컵 본선 연속 4회 진출권을 따내 일약 국민적 영웅으로 떠올랐다.

그러나 인기도 잠시였다. 차범근에게 1997년이 '천당' 이었다면 1998년은 '지옥' 이었다. 프랑스월드컵 본선 1차전에서 멕시코에 3 대 1로 패한 데다 2차전에서 네덜란드에 5 대 0으로 패하자, 그 날이 가기도 전에 차범근은 감독직에서 전격 해임됐고 여론으로부터 거의 매국노 수준으로 난타당했다.

냄비근성, 그 폭발적인 에너지

한바탕 IMF 태풍에 휩쓸린 한국인은 만신창이가 된 몸을 추슬러 현실을 직시했다. 처참했다. 그러나 그대로 주저앉을 수는 없었다. 두 주먹 불끈 쥐고 일어선 한국인의 각오는 대단했다. 그야말로 온 국민이 팔을 걷어붙이고 나섰다.

예식장은 점심시간 이후인 오후 2시부터 4시까지 영업을 중단했다. 아파트 엘리베이터는 격층으로 운행됐다. 신문사는 지면을 3분의 1가량 줄였고, TV방송은 방영시간을 하루 2시간 줄였다. 심지어 병원에서조차 물약 병을 재활용했다.

그중에서도 압권은 1998년 1월 10일부터 3월 14일까지 전개된 '금 모으기 운동' 이었다. '나라를 살립시다, 금을 모읍시다' 라는 슬로건 아래 시작된 이 운동은 코흘리개서부터 백발노인에 이르기까지 총 349만 명이 참가해 21억 달러에 달하는 225톤의 금을 모았다.

이 운동은 세계를 깜짝 놀라게 했다. 개인주의가 팽배한 서구에서는 경제 위기가 닥치면 각자 살 방도를 찾는 것이 상례인데, 한국에서는 정반대 현상이 나타났기 때문이다. 『LA타임스』는 "한국인은 위기가 닥쳤을 때, 애국심과 '하면 된다' 는 정신으로 똘똘 뭉친다"라며 칭찬했고, 미셸 캉드쉬(Michel Camdessus) IMF 총재는 "한국인이 감동적인 희생정신과 애국심으로 첫 싸움에서 이겼다"라고 말했다. 당시 한국을 방문했던 제시 잭슨 주니어

(Jesse Jackson Jr.) 등 미 하원의원들은 깊은 감동을 받았다.

"한국인의 희생정신에 감격했다. 자기 소유의 금은보석을 자진 헌납하는 것을 보면서 거의 울 뻔했다."

IMF 위기 극복의 주역은 새 대통령으로 당선된 김대중이었다. 불안정한 시기에 바통을 이어받은 김대중은 취임과 동시에 국가 위기 때마다 터져 나오는 한국인의 강한 애국심을 활용해 난국을 타개하기로 마음먹었다. 그는 한국 역사상 가장 강도 높은 구조조정에 착수했다. 우선 은행 이자율을 연 30퍼센트까지 끌어올렸다. 많은 기업이 도산했고 실직자가 거리로 쏟아졌다. 서울역 등지에 노숙자들이 넘쳐났다. 이는 박정희의 경제개발 이후 처음 있는 일이었다.

더불어 대대적인 기업 구조조정이 이뤄졌다. 대우그룹이 공중분해 되고 현대그룹도 쪼개졌다. 대기업의 '빅딜' 은 무자비하게 진행됐다. 환란의 원인인 부실 금융기관의 정리도 일사천리로 단행됐다. 지난 30년간 곪을 대로 곪은 금융기관과 기업의 부실 시스템에 대한 '고통스러운 대수술' 이, 구조조정이라는 이름으로 1년 새 대부분 단행됐다.

그 결과, 국가부도 위기에 몰렸던 한국 경제는 서서히 안정을 되찾기 시작했다. 드디어 2001년 8월, 한국 정부는 IMF 위기 때 빌린 195억 달러를 모두 상환했다. 이는 당초 갚기로 한 시기

(2004년 5월)보다 3년을 앞당긴 것이었다. 함께 외환위기를 겪은 아시아 국가들 중 가장 빨랐다.

한국의 IMF 극복에는 어떤 일이 닥치면 후끈 끓어올라 물불 안 가리고 덤벼드는 '냄비근성' 이 크게 기여했다. 한국인이 제2의 국치로까지 인식했던 IMF의 경제 신탁통치에서 벗어난 날, 외국 언론들은 일제히 찬사를 보냈다.

한국이 지난 1997년 금융 위기로부터 이처럼 빨리 회복한 것은 극적인 성과다. 한국은 자랑스러워할 충분한 이유가 있다. 한국은 다른 아시아 국가들과 달리 적극적으로 고통을 감내하며 쓴 약을 달게 삼켰다.

—『더 타임스』 2001년 8월 23일자

한국인의 냄비근성은 최근 몇 년간 세계적 수준으로 향상된 '화장실 문화 개선운동' 에서도 유감없이 발휘됐다. 2002년 한일 월드컵을 앞두고 수원시 등이 주축이 되어, '한국의 화장실을 세계에서 제일 깨끗하게 만들겠다' 는 목표로 시작된 이 운동은 한국인 특유의 화끈함과 일사분란함으로 화장실의 면모를 확 바꿔 놓았다. 그 결과, 한국의 화장실은 '청결 세계 1위' 를 자랑하는 일본 화장실에 견줄 만큼 깨끗해졌다.

냄비근성은 한국인에게 잠재된 폭발적인 에너지다. 그러나 핵

에너지도 잘 쓰면 인류발전의 무궁한 동력원이 되지만 잘못 쓰면 인류를 재앙에 빠뜨리는 대량 살상무기가 되듯, 냄비근성도 잘 다뤄야 한다. 특히 위정자와 지도자들이 이를 잘 활용하는 방법을 체득해야 한다.

확 불붙고 순간적으로 달아오르는 에너지나 애국심을 잘못 다루면 난폭하고 부정적인 면으로 표출될 수도 있다. 반면, 잘 활용하면 특유의 신바람이나 흥으로 결집돼 역동적이고 자발적인 에너지로 활용할 수 있다. 대우자동차나 현대중공업의 경우에서 보듯, 노사문제는 물론 더 나아가 빈부격차 문제해결에도 도움을 줄 수 있다.

2004년, 광화문 거리를 가득 메운 수십만 개의 질서정연한 촛불들.

2002년 월드컵 때, 대한민국을 붉게 물들인 붉은 악마들.

1998년, IMF 위기를 극복하고자 전국에서 모인 금붙이들.

1987년 6월 항쟁, 1960년 4 · 19 의거, 1919년 3 · 1운동 때 불의에 맞선 수많은 사람들.

구한말, 임진왜란, 몽고의 침입 때 전국 방방곡곡에서 일어난 무명의 의병들.

역사의 구비구비마다 불같이 타오른 한국인의 냄비근성은 나라를 지켜준 '수호천사' 였다.

한국인은 왜 사촌이 땅을 사면 배가 아픈가

"한국인은 평등주의자다."

"한국에는 자본주의보다 사회주의 체제가 더 적합하다."

민주화 이후, 분배와 평등의 목소리가 커지면서 이런 주장들이 단골로 등장하고 있다. 그러나 이것은 잘못된 견해다. 천부당만부당한 소리다. 한국인의 기질을 몰라도 너무 모르는 '무식한' 견해다.

우선 한국인은 평등을 원하지 않는다. 오히려 남보다 내가 앞서야 직성이 풀린다. 어렸을 적부터 한국인의 꿈은 '대통령' 내지 '대장'으로 시작된다. 그것은 남보다 자신의 지위가 훨씬 높아야 한다는 의지의 표현이다. 어느 나라나 부모도 아이들에게 이런 거창한 꿈을 심어주지 않는다. 한국만 그렇다.

부모는 자식의 능력이나 실력과 관계없이 누구나 자기 자식이 학교에서 잘 나가야 하고, 일류학교를 갈 것이라고 믿는다. 이것이 한국의 보통 부모들의 생각이다. 바로 여기에서 갈등이 시작된다.

결론부터 말하자면 한국인은 누구보다 경쟁심이 강하고 성취욕이 높으며 시기심이 많다. 때문에 한국인이야말로 가장 자본주의자들이다. 자본주의의 기본적인 힘은 어디에서 나오는가? 바로 탐욕(desire)이다. 누가 탐욕스러운가? 한국인이다.

'배고픈 것은 참아도 배 아픈 것은 못 참는다.'

한국인에게 딱 맞는 기질이다. 옆집이 차를 신형으로 바꾸면, 우리도 신형으로 바꿔야 한다. 그렇지 않으면 괜히 꿀리는 것 같은 생각이 든다. 무엇보다 너무 뛰어난 사람을 그냥 보아 넘기지 않는다. '모난 돌이 정 맞는다' 는 말도 이래서 나왔다. 사실, 더 능력이 뛰어난 사람도 보다 좋은 것을 갖고 싶지만 주위 사람들의 시기심의 표적이 될까봐 참을 정도다.

사촌이 땅을 사면 나도 땅을 사야 직성이 풀린다. 옆집 아이가 미국으로 조기유학을 갔다는 소식을 접하면, 우리 아이의 미국 유학도 심각하게 고려해본다. 혼마 골프채가 좋다고 하면 멀쩡한 골프채를 놔두고 신형 혼마 골프채를 사들고 필드에 나가야 한다.

어쩌면 이것은 인간의 기본 속성인지도 모르지만, 유달리 한국인은 더 강하다. 더욱이 경제여건이 나아지면서 이러한 성향은 더 커지고 있다. 한국인의 명품 선호현상도 마찬가지다. 명품이 없으면 짝퉁이라도 가져야 직성이 풀린다.

2006년 1월, 스타벅스는 새로 개발한 '그린 티 라떼'를 한국 시장에 가장 먼저 내놓았다. 한국인이 세계에서 가장 커피를 즐겨 마시거나, 통달한 사람들이 아닌데 말이다. 스타벅스가 주목한 것은 한국인의 빠르고 집단적인 소비행태였다. 일단 괜찮다는 입소문이 나면 순식간에 소비자들 사이에 퍼져나간다. 그 스피드와 볼륨은 타의 추종을 불허한다. 여기에는 남에게 지기 싫어하는 한국인의 심리, 남이 하면 나도 따라하는 행태가 동인(動因) 역할을 한다. 가령 어떤 옷이나 핸드백, 부츠가 유행하면 너도나도 우르르 몰려가 같은 것을 사들인다. 배꼽티가 유행하면 배꼽티를 입은 여성들로 거리가 넘쳐난다. 이는 평등심이 아니라 경쟁심의 발로다.

과거 양담배 수입이 금지되고 국산 담배 몇 가지만 판매되던 시절, 사람들은 대부분 최고급만을 사서 피웠다. 제일 비싼 담배가 가장 인기 있는 품목이었다. '나라고 고급 담배 못 피우란 법 있나'라는 과시욕 때문이었다.

이미 잘 되고 있는 분배구조에 유독 집착하는 이유

한국인은 욕심이 많다. 늘 아래가 아닌 위만 바라보다 보니 잘 못 만들어진 신화가 있다. 바로 '한국이 빈부격차가 심한 나라'라는 주장이다. 실상은 그 반대다.

1997년 IMF 위기 전까지 한국은 세계 어느 나라보다 빈부격차 문제에서 양호한 나라였다. 『한겨레신문』의 기자로 활동하다 미국에서 MBA 유학을 하던 이원재 씨는 자신의 저서 『주식회사 대한민국 희망보고서』에서 이렇게 주장했다.

"해방 이후 외환 위기 전까지 한국의 소득분배는 미국, 일본, 유럽, 중국 등에 비해 훨씬 균등했다. 자산분배는 불균등했지만, 소비에 직접적인 영향을 준 것은 갖고 있는 재산보다 정기적으로 벌어들이는 소득이었다. 평등한 소득분배는 한국이 작은 경제 규모로도 엄청난 폭발력을 지닌 소비시장을 유지할 수 있었던 뒷심이었다."

그는 그 실례로 지니계수를 들었다. 지니계수는 한 나라의 소득분배 상황을 측정하는 대표적인 지표로, 0에 가까울수록 고소득층과 저소득층 사이의 소득분배가 평등하고, 1에 가까울수록 불평등하다는 뜻이다.

통계청에 따르면 한국의 지니계수는 1985년 0.311에서 지속적으로 하락해 1997년에는 0.283을 기록했다. 그러나 IMF 위기를 거치면서 1999년에는 0.320까지 올랐다가 2003년에는 0.306으

연도	1985	1990	1995	1996	1997	1998	1999	2000	2001	2002	2003	2004
지니계수	0.311	0.295	0.284	0.291	0.283	0.316	0.320	0.317	0.319	0.312	0.306	0.310

● 자료: 통계청
● 참조: 지니계수는 한 나라의 소득분배 상황을 측정하는 대표적인 지표. 0에 가까울수록 소득분배가 평
　　등하고, 1에 가까울수록 불평등하다.

◑ 지니계수의 국제비교(2004년)

국가	덴마크	스웨덴	독일	캐나다	한국	영국	뉴질랜드	이탈리아	미국	터키	멕시코	OECD평균
지니계수	0.225	0.243	0.277	0.301	0.310	0.326	0.337	0.347	0.357	0.439	0.467	0.308

● 자료: OECD Social, Employment and Migration Working Papers No. 22, 2005.
　　대한민국 통계청

로 떨어졌다.

한국의 소득분배는 OECD 국가들과 비교해 봐도 손색이 없다. 경제 위기를 겪기 전인 1997년 한국의 지니계수(0.283)는 캐나다(0.301)보다 양호했고 독일(0.277) 수준에 가까울 정도로 분배가 잘 되어 있었다.

경제 위기를 겪은 후인 2004년의 지니계수를 보더라도 터키, 멕시코와는 비교할 수 없을 정도로 양호하며, 미국, 영국, 뉴질랜드, 이탈리아보다 양호했다. 이는 캐나다 및 OECD 평균과 비슷한 수준이다.

　　한국의 중산층은 어느 나라보다 두터웠다. 소득수준이 비슷하니 소비수준도 비슷했다. (…) 수십만 원짜리 휴대전화를 척척 바꿔대는 극성스런 소비자들이 탄생한 이유도, (…) 좁은 국토에 좋지 않은 도로사정에도 너도나도 중형 승용차를 사들이는 '마이카 열풍'도 균등한 소득분포에서 나왔다.

　　—이원재, 『주식회사 대한민국 희망보고서』

　　지난 40년간 연평균 8퍼센트를 넘는 고도성장을 이룩한 나라는 지구상에 한국뿐이다. 고도성장 속에서도 소득 불평등을 꾸준히 개선해왔다는 점 역시 한국이 이룩한 대기록 중 하나다. 1993년, 세계은행이 발표한 '동아시아의 기적'이라는 보고서에서도 이 점이 강조됐다. 지금도 일부에서는 '성장이냐 분배냐'를 놓고 논란을 벌이지만 적어도 한국은 성장과 분배라는 두 마리 토끼를 모두 잡은 몇 안 되는 나라로 꼽힌다.

　　그럼에도 불구하고 일부에서는 우리의 경제성장 역사를 '분배를 도외시한 성장 일변도'라거나 '부익부(富益富) 빈익빈(貧益貧)의 과정'으로 평가한다. 이러한 주장이 한국 사회에서 통하고 있는 저변에는 한국 사회의 구조적 모순도 있지만, 무엇보다 한국인의 강한 시기심과 경쟁심 그리고 욕심이 도사리고 있다. 쉽게 말해 나보다 잘 된 사람이 미운 것이다.

　　조직문화나 위계질서가 강한 일본에서는 나보다 잘 사는 이웃,

나보다 잘난 사람들을 인정하고 순응한다. 초라한 국수집도 자랑스러운 가업으로 받들어 대대손손 이어가는 나라가 일본이다. 그러나 한국인은 다르다. 누구나 자기 능력이나 노력과 관계없이 무조건 상향조정된 삶을 꿈꾼다.

중국인은 재물을 제일로 친다. 때문에 부자를 가장 존경한다. 그들에게 부자는 인생의 이상형이자 영웅이다. 부자는 아무나 되는 것이 아니라 하늘에서 복을 내린 사람만이 될 수 있다고까지 생각한다.

반면, 한국은 부자에 대해 매우 비판적이다. '저 친구가 나보다 돈을 더 벌었어? 말도 안 돼. 분명 뭔가 반칙이나 불법행위가 있었을 거야' 라고 생각한다. 아니면 '두고 보자. 내가 꼭 돈을 더 벌 테다' 라고 다짐한다.

1997년, 홍콩의 사정은 아주 심각했다. 6백만 명 남짓한 인구에 1인당 국민소득 2만 5천 달러가 넘는 선진국이지만 빈부격차가 상당히 심했던 것이다. 당시 홍콩 중산층 생활수준이 소득 1만 달러 남짓한 한국 중산층보다 훨씬 못했다. 그 이유는 간단하다. 소수의 부자들이 홍콩 전체 부의 상당 부분을 거머쥐고 있었기 때문이다. 홍콩의 일반인은 자가용을 꿈도 꾸지 못하는데, 거리에는 벤츠와 BMW가 넘쳐나고 있었다.

한국에서라면 민란이라도 일어날 수 있는 상황 같은데, 홍콩은 잘만 굴러갔다. 홍콩인의 '가진 자' 에 대한 생각은 한국인과 다르기 때문이다. 잘 되는 이웃을 배 아파하는 것이 아니라 '그들이 열심히 노력했고 남다른 재능에 하늘이 도와주었기 때문'이라고 생각한다. '부자는 부자, 나는 나'였다. 그러니 스트레스를 받을 것도 없다.

이러한 빈부격차는 동남아시아 전체에 나타나고 있다. 필리핀, 태국, 말레이시아, 인도네시아 모두 그렇다. 특히 인도네시아는 전체 인구의 3퍼센트에 불과한 화교들이 전체 부의 80퍼센트 이상을 거머쥐고 있다. 그래도 동남아 사람들은 가난한 가운데 잘 어울려 산다. '정경유착' 하면 사실 동남아가 우리와 비교가 안 될 정도로 심하다. 그런데도 한국인은 유독 한국 사회에 매우 부정적이다.

세계 최고를 향해 비상하는 용

현재 우리 사회의 화두는 단연 '분배' 다. 가난하고 소외받는 계층에 대한 배려를 위해 정부는 이런저런 정책들을 시험 중이고, 그에 따라 국민들은 열심히 널뛰기를 하고 있다. 그런데 어째 결과가 신통치 않아 보인다. 오히려 빈부격차는 더욱 심해져 가는 추세다. 원인 진단과 처방에서부터 뭔가 문제가 있기 때문이다.

재미교포로 한국에서 베인&컴퍼니 코리아를 운영하는 이성용 씨는 『한국을 버려라』라는 저서에서 "왜 한국인은 속은 자본주의자이면서 겉으로는 사회주의자 같이 행세하는가?"라고 반문했다. 핵심을 찌른 말이다.

한국인은 말로는 주어진 여건, 타고난 능력이 달라도 누구나 균질의 삶을 살아야 한다고 주장한다. 그러나 속으로는 남과 똑같이 되겠다는 것이 아니라, 남보다 앞서야겠다는 생각이 결연하다. 아래를 보면서 '내가 더 잘 사네'라고 만족하기보다 위를 보면서 '내가 더 못 사네'라며 불만족스러워한다. 사촌이 땅을 사면 어찌된 노릇인지 배가 살살 아프다. 지금 한국의 문제는 이성용 씨가 지적한 대로 속은 자본주의자이면서 겉으로는 근엄하고 욕심 없는 사회주의자 행세를 한다는 데 있다.

한국인의 천성이 자본주의에 맞는다는 것은 건국 후 우리가 자본주의 체제를 선택해 '한강의 기적'을 이룬 데서도 알 수 있다. 만약 한국인이 한반도 좁은 땅에 갇혀 잘 사느니 못 사느니 하며 서로 빼앗고 악다구니하며 지냈다면 발전은 없었을 것이다. 안에서 벌이는 싸움질을 접어두고 베트남, 중동, 일본, 미국으로 몰려나가 노동을 하고 물건을 팔고 공장을 움직여 성공을 거둔 것이다. 이 과정에서 한국인의 핏줄에 내재된 자본주의 기질이 유감없이 발휘됐다.

같은 민족이면서 북한이 쇠락의 길을 걷는 이유도 마찬가지다. 누구보다 자본주의 속성을 지닌 한국인인데 '모두 평등하다' 며 가둬놓고 똑같이 분배를 하니 누가 신이 나서 일하겠는가!

결론적으로 한국인의 유별난 시기심, 경쟁심은 축복이다. 그 속에 엄청난 에너지가 담겨 있다. 그 에너지는 한강의 기적을 이루는 데 크게 기여했지만, 잘못 쓰면 재앙이나 한국병의 주범이 될 수도 있다.

지금 한국 사회 일각에서 일어나는 불화와 대립, 갈등의 이면에는 잘못 인도된 시기심이 독버섯처럼 자라고 있다. 우리의 에너지를 잘 다뤄야 한다. 만약 한국인이 진정 '평등주의'를 추구하려면 남의 잘 된 것을 보고 '배 아파하기'보다는 지금 나보다 어려운 사람을 보고 '마음 아파할' 줄 알아야 한다. 그러기 위해 지금은 그 어느 때보다 현명한 리더십이 절실하다. 한편으로는 한국인의 성취욕을 부추겨 성장을 일궈나가면서 다른 한편으로는 한국인 특유의 정과 나눔 문화를 부추겨 분배를 이뤄내야 한다. 그것이 한국이 나아갈 길이다.

김선 씨는 마음속에 아름다운 미래를 품은 스물두 살의 젊은이다. 민족사관고등학교를 졸업하고 영국의 옥스퍼드대학으로 유학 가 우등으로 졸업했다. 그녀가 2004년에 귀국해 1년간 한국에서 지내며 가장 크게 느낀 점은 대한민국에 대한 새로운 가능성과 한국인으로서의 자부심이었다. 그런 긍정적 시각을 갖게 된 이유는 두 가지였다.

첫째는 한국의 서민층이 희망과 용기를 가지고 열심히 살아간다는 점이다. 그녀는 평소에 택시를 타면 운전기사들과 자주 대화를 나눴는데, 그들이 한 달에 백만 원도 안 되는 수입에도 비관하지 않고 맞벌이를 하며 자식교육에 온 정성을 쏟는 모습에 진한 감동을 받았다. 사회보장이 너무 잘 돼 의료비나 교육비 등이 공짜인 영국인에게서는 결코 찾아볼 수 없는 헝그리 정신과 자식을 향한 아름다운 희생심을 발견한 것이다.

둘째는 저마다 세계 최고가 되겠다는 희망이 기업을 비롯한 사회 곳곳에 뚜렷한 목표로 자리잡고 있다는 사실이다. 한 번은 옥스퍼드, 캠브리지 대학에 다니는 영국 대학생들과 함께 거제도 조선소를 방문했는데 벽 이곳저곳에 붙어 있는 'The best in the world' 라는 표어를 보고 영국 학생들이 킥킥 웃었다고 한다.

그때는 그 표어가 너무 촌스러워 창피하기도 했지만, 돌이켜보니 바로 그 점이 한국의 강점이었다. 교육, 예술 등 어느 분야에서든 항상 '세계 최고', '세계 일류' 가 되겠다고 외쳐대는 꿈, 경쟁심 자체가 성장의 원동력이라는 사실을 깨달은 것이다. '세계 최고' 를 향해 전진하는 사회 분위기야말로 대한민국 최대의 강점이 아니던가.

그녀는 2005년 여름, 미국 조지타운대학 외교대학원으로 유학 가기 직전 이런 편지를 보내왔다.

"'Dynamic Korea!' 정말 맞는 표어입니다. 소위 선진국이라

는 나라들을 두루 여행하고 그 나라 친구들과 많은 이야기도 나
눠보았지만, 우리나라만큼 역동적인 사회는 없습니다. 어려운
환경 속에서도 포기하지 않고 최선을 다해 살아가는 서민들이
있고, 세계 최고가 되겠다는 포부를 가진 기업·학교·정부가
있기에 비늘을 번쩍거리며 하늘로 비상하는 용처럼 우리나라도
그렇게 발전하리라 믿습니다."

한국인의 '끼',
한류 열풍의 원동력

2005년 5월, 마카오에서 홍콩으로 가는 페리 선착장 대합실에 막 들어서자, TV 앞에 중국인들이 잔뜩 몰려 있었다. 무슨 국제경기라도 열리나 보다 하고 별 관심을 두지 않았는데, 여기저기서 터져 나오는 탄성이 그게 아닌 모양이었다.

"야, 예쁘다."

"정말 여왕 같아…."

호기심이 일지 않을 수 없었다. 사람들 틈을 비집고 삐죽이 고개를 내밀자, 마침 영화배우 이영애가 인터뷰를 하고 있었다. 사람들은 그야말로 넋을 잃고 그녀를 바라보았다.

나는 색다른 충격을 받았다. 1990년대, 신문사 홍콩특파원으로 일할 때만 해도 전혀 경험해 보지 못한 광경이었다. 그런데 지금 홍콩을 포함한 중국인이 한국 스타를 미국 할리우드 스타 이상으로 쳐다보고 있는 것이다.

21세기의 새 병기는 문화, 예술 파워다. 20세기가 군사력, 부국 강병을 토대로 한 하드파워(Hard Power), 곧 경성(硬性)국가의 시대였다면 21세기는 학문, 과학기술, 예술, 문화를 토대로 한 소프트파워(Soft Power), 곧 연성(軟性)국가의 시대다. 이런 관점에서 아시아에 한류 열풍을 몰고 온 한국은 21세기에 가장 주목할 만한 대상이라 할 수 있다.

생각해보자. 불과 10여 년 전만 해도 한국의 영화, TV드라마, 대중가요는 모두 서구의 것에 눌려 있었다. 과거 젊은이들이 흥얼거린 노래는 대부분 팝송이며, 그들의 우상은 엘비스 프레슬리, 클리프 리처드, 마이클 잭슨, 머라이어 캐리, 브리트니 스피어스 등이었다. 영화도 할리우드 영화 일색이었고, TV드라마는 「6백만 불의 사나이」, 「맥가이버」, 「X 파일」 등 외화로 도배를 했다. 한국인은 그걸 보면서 막연히 서구문화를 동경했다. 멋진 영화배우를 짝사랑하며 서구식 생활패턴과 제품, 스타일을 흉내냈다.

그러나 2006년, 한국인은 서양 대중문화에 과거처럼 연연하지 않는다. 우선 라디오 방송을 들어보라. 과거에는 팝송이 많은 시간을 점령했지만, 지금은 그 자리를 한국 가요가 대신한다. 그렇다고 요즘 젊은이들이 유독 애국심이나 민족주의가 강해서가 아니다. 한국 노래 자체가 과거와 비교할 수 없을 정도로 세련되고

들기 좋아졌기 때문이다. 굳이 잘 이해되지 않는 영어 가사보다 멋진 연주에 한국 가사로 된 노래가 훨씬 더 젊은이들의 '필(feel)'을 자극하는 것이다.

TV드라마는 어떤가? 과거 골든아워 시간은 대부분 미국의 인기 드라마가 차지했지만, 지금은 평일이든 주말이든 한국 드라마가 독차지하고 있다. 최근에 본 외화 드라마로는「위기의 주부」가 기억에서 가물가물할 뿐이다.

지난 수년간 본 영화도 외화는 별로 기억나지 않는다.「실미도」,「태극기 휘날리며」,「말아톤」,「웰컴 투 동막골」,「공공의 적 II」,「왕의 남자」… 전부 한국 영화뿐이다.

한류가 뜨면서 게임, 패션, 음식, 관광 분야에서도 한국적인 것이 각광을 받고 있다. '메이드 인 코리아'의 브랜드 파워가 커지고 있다. 한국 무역협회 무역연구소는 '한류의 경제적 효과 분석' 보고서를 통해 2004년 중국, 일본, 홍콩, 대만, 태국 등 5개국을 대상으로 조사한 결과, 한류 효과로 벌어들인 외화는 총 18억 7천만 달러였다고 한다. 그리고 이로 인해 국내에서 발생한 부가가치액은 총 1조 4천339억 원으로 집계됐다.

한류 열풍은 2004년 한국의 국내총생산(GDP)을 0.18퍼센트 상승시킨 것으로 나타났다. 한류를 통한 관광객 유치는 8억 2천5백만 달러, 상품 수출은 9억 1천8백만 달러의 효과를 본 것으로 분석됐다. 용사마 배용준이 일본에서 현대자동차 TV광고에 출연

하는 것을 비롯해 한류 스타들의 광고 출연 빈도도, 몸값도 크게 늘어났다.

한류 덕분에 기업들은 큰 덕을 보고 있다. 현대자동차는 2002년 뒤늦게 중국 시장에 뛰어들었지만, 3년 만에 중국 내 판매량 2위의 자동차회사로 올라섰다. 2008년, 베이징올림픽을 앞두고 중국의 택시회사들은 낡은 택시를 현대의 엘란트라로 교체할 예정이다.

홍콩에서 「대장금」이 방영되는 동안 홍콩 언론은 '장금 정신', '장금 철학'이라는 유행어를 만들어냈다.

"한국의 놀라운 경제발전과 민주화는 밑바탕에 장금 정신이 있었기에 가능했다."(『명보(明報)』)

"장금 정신은 온갖 역경을 이겨내고 자강(自强)을 이뤄낸 한국 역사를 반영한 것이다."(『신보(信報)』)

"매일 밤 어린 딸과 함께 대장금을 보면서 '어떠한 난관과 좌절에 부딪혀도 용감하게 대처하라'고 가르쳤다."(홍콩의 유명기업인)

잘 만든 드라마 한 편은 한국 외교관 수백 명이 활약하는 것보다 훨씬 더 큰 효과를 낳는다.

한류가 아시아에서 각광을 받고 있는 현실은, 과거 서구문화를 동경하던 한국이 이제는 거꾸로 남들로부터 부러움과 동경의 대상이 됐다는 사실을 말해준다. 적어도 아시아에서 대중문화의 황제 자리는 한국이 차지했다. 이는 세계 경제 2위인 일본도, 미국과 맞서는 슈퍼 파워 중국도 성취하지 못한 업적이다.

사회, 경제, 문화적 파급효과는 실로 대단하다. 이는 일시적인 현상도 아니요, 힘센 나라가 강요해서 되는 것도 아니다. 한국문화가 아시아인의 공감과 사랑을 이끌어낸다는 것은 꼭 짚어 설명할 수 없는 어떤 강력한 힘과 능력이 우리문화에 잠재돼 있다는 것을 말해준다. 유사 이래 최초로 한국이 아시아 대중문화의 중심지가 됐다. 그리고 그 바람(風)은 더욱 퍼져 중동, 남미로도 번지고 있으며 서구문화의 종주국 격인 미국 뉴욕과 프랑스 파리에서도 서서히 감지되고 있다.

풍부한 경험과 '끼' 를 버무린 한류문화

한류가 뜨고 있는 이유는 무엇인가? 『뉴욕타임스』는 2006년 신년 벽두(1월 2일자)부터 '중국 젊은이들을 위한 한국문화' 라는 제목으로 1면에 한류 특집기사를 크게 실었다.

"의상과 헤어스타일에서 음악, TV드라마까지 한국인이 중국을 비롯한 아시아인의 취향을 좌우하고 있다. 중국에서 '한국' 이라는 단어는 패션과 스타일을 상징하며, 중국 젊은이들은 한국을 모방하고 있다. 과거 한국은 중국과 일본, 미국으로부터 문화적 영향을 받아왔지만 이제는 반대로 문화수출국이라는 위치에 서 있다. 예를 들어 TV드라마 「대장금」은 아시아에서 폭발적 시청률을 기록했고 가수 비의 베이징 공연(2005년 10월)은 4만명의 관객으로 성황을 이뤘다."

『뉴욕타임스』는 한국이 이처럼 매력적인 나라가 된 것은 서양(미국)과 동양의 가교역할을 하고 있기 때문이라고 분석했다.

중국과 다른 아시아 국가의 젊은이들은 서구의 생활방식과 분방함을 동경하기는 하지만, 그것을 그대로 받아들이기에는 뭔가 껄끄러움을 느낀다. 그러나 한국문화는 서구의 가치관을 동양식으로 걸러냈기 때문에 다른 아시아인이 쉽게 받아들인다는 얘기다. 물론 일본문화도 있지만, 이들의 침략 역사가 아시아인에게 거부감을 주고 있다고 분석하고 있다.

한편에서는 한국의 문화적 독주에 대한 거부감도 있다. 중국과 대만, 베트남에서 '문화침략' 이라고 불평하며 규제 움직임을 보이고 있는 것이다. 그러나 과거 수천 년간 한국이 중국으로부터 문화를 수입한 역사적 사실과 비교한다면 이 얼마나 상전벽해(桑田碧海) 같은 일이란 말인가.

한류가 뜨는 가장 큰 이유는 지난 백여 년간 격동의 시대를 살아온 한국인의 풍부한 체험과 정서가 아시아인의 마음을 움직였기 때문이다. 20세기 들어 아시아 각국은 식민지배, 전쟁, 빈곤, 건국, 독재 등 비슷한 상황을 겪어 왔다. 더욱이 한국은 분단의 비극적 상황에서 경제발전과 민주화 그리고 세계화까지 성취하며 훨씬 다양한 체험을 했다. 여기에 훈훈한 가족주의를 기반으로 한 정(情)문화와 경제발전을 토대로 이뤄진 동양적 세련됨 및 화려함 등이 어우러지면서 아시아인의 공감대를 형성했던 것이다.

예컨대 한류의 원조격인 「사랑이 뭐길래」(1991년 작)에서는 '대발이 아버지'를 중심으로 한 한국 대가족제의 훈훈한 정과 아버지의 권위가 부각됐고, 「겨울연가」(2001년 작)에서는 한국적 순애보가 사랑을 잃어버린 일본 중년여성들의 마음을 울렸다.

여기에 빼놓을 수 없는 것이 한국인의 신바람과 풍류기질이다. 원래 한국인에게는 특유의 '끼'가 있다. 감성적이랄까 열정적이랄까 한국인은 대륙문화와 해양문화가 겸비된 반도에 위치한 덕에 다양한 색깔과 개성을 지니고 있다.

상고시대 이래 한국인은 술(酒)을 좋아하고 가무(歌舞)에 능한 민족이었다. 유목민족의 신바람기질은 농경정착 문화로 바뀌면서 해마다 가을 추수가 끝나면 질펀한 축제문화를 만들어냈다.

'노세 노세 젊어서 노세. 늙어지면 못 노나니….'

세계 어디를 돌아봐도 한국인처럼 술과 노래를 좋아하고 잘하는 민족도 드물다. 일본에서 들어온 가라오케문화는 지난 수십 년간 한국 사회의 놀이패턴을 바꿔버렸다. 한바탕 노래를 불러제끼면 마음속 장막이 걷히면서 자신을 솔직하게 드러내고 재담과 유머를 발휘하며 흥겨움에 빠져든다. 서울대학교 이면우 교수가 『W이론을 만들자』에서 주장했듯 한국인에게 신바람 정신이 발동하면 돈으로는 따질 수 없는 시너지가 넘쳐난다.

'신바람'으로 대별되는 한국인의 풍류, 가무 기질이 바로 한류의 원동력이다. 과거에 이러한 기질은 억눌렸었다. 지나친 선비문화와 남존여비 등의 봉건적 잔재 그리고 하루 벌어 하루 먹고 살기도 힘든 궁핍함이 걸림돌이었다. 1960년대 이후에는 군사독재정권의 억압과 검열도 기승을 부렸다.

그러나 1987년의 6·29 민주화 조치는 대전환점이 됐다. 군사정권에 의해 재갈이 물렸던 창작과 표현의 자유는 단계적으로 해금되기 시작했다. 동시에 한국인의 창의력이 살아 숨쉬기 시작했다. 다른 한편으로 1만 달러 국민소득 시대의 도래, 세계화로 인한 해외유학 붐은 실력 있고 야망 있는 국내 아티스트들을 외국으로 내보냈다. 또한 외국의 유명 대중 예술인과 재미교포 2세의 실력이 한국에서 접목됨으로써 한국의 대중문화는 시너지를 얻어 오늘에 이르렀다.

한류는 21세기의 광개토대왕

한류의 주인공은 결코 공부 잘한 이들이 아니다. 소위 일류대 출신은 거의 없다. 오히려 학창시절의 문제아나 괴짜들이 많다.

지방에서 고등학교를 졸업한 뒤, 무작정 상경하여 주유소 직원으로 일하거나 막노동을 하다가 발탁돼 스타가 된 이도 있다. 하지만 이들의 대중적 영향력이나 경제력은 공부 잘한 일류대 출신과는 비교가 안 된다.

청소년의 꿈이나 우상은 이미 판·검사, 장관, 교수 등이 아니라 대중 스타로 넘어간 지 오래다.

이것은 한국 사회에 일고 있는 아주 긍정적인 변화 중 하나다. 공부가 인생의 전부가 아니라는 인식이 점점 확산되고 있음을 대변하기 때문이다. 학력 지상주의 사회에서 끼 많고 잘 노는 친구들의 성공신화는 그만큼 한국이 열린사회로 나아가고 있음을 보여준다.

대량생산, 대량소비의 20세기 산업화 시대에는 근면한 모범생이 각광을 받았다. 그러나 21세기 정보화 시대에는 창조적이고 문화, 예술적 감각이 발달한 괴짜들이 각광을 받는다. 『창조적 변화를 주도하는 사람들』을 쓴 리처드 플로리다(Richard Florida)는 "향후 이윤창출의 엔진은 창조성과 예술적 능력"이라고 말했다. 『소유의 종말』의 저자 제러미 리프킨(Jeremy Rifkin)도 "산업 생산 시대가 가고 문화생산 시대가 오면서 '개미 멘탈리티' 보다 '베짱이 마인드' 가 대접받게 됐다"고 주장했다.

몽상가 내지 혁명가에 가까운 창조적 비전을 가진 사람들, 우리말로 괴짜나 엽기적인 사람이라고 해야 할 '기크(geek)' 들이

환영받는 시대가 왔고, 한류는 바로 이런 이들이 주도하고 있다.

한류 효과는 어디까지 갈까? 일부에서는 '곧 끝날 것' 이라고 부정적으로 말하기도 하지만, 나는 '절대 그렇지 않다' 고 본다. 로마가 하루아침에 이루어지지 않았듯, 한국의 대중예술도 한국인의 유구한 예술적 역사와 현대문화의 접목으로 재탄생한 것이다.

우선 미국 시사주간지 『타임』지에 의해 '2006년 가장 영향력 있는 세계 인물 100인' 에 뽑힌 대중가수 비의 뉴욕 진출은 대단히 의미심장하다. 2006년 2월, 비의 뉴욕 매디슨 스퀘어가든 공연은 드디어 한류가 대중문화의 심장부를 향해 선전포고를 한 것으로 볼 수 있다. 미국 최고의 음반 프로듀서들이 참석해 지켜봤고 『뉴욕타임스』의 비평을 받았다는 것 자체가 한국 가요사상 최초의 일이다. 3백만 재미교포 중에는 아마 '한국에서 자란 비도 저렇게 잘하는데 미국문화 속에서 자란 우리가 못할 게 뭐냐' 고 생각하는 이들도 많았을 것이다. 알다시피 한국인은 노래를 잘한다. 앞으로 그래미상을 한국인이 휩쓸지 말란 법이 없다.

영화는 더욱 가능성이 높다. 이미 배우 박중훈이 할리우드에 진출했고 장동건도 한·중·일 합작영화 「무극」을 통해 선을 보였다. 또한 한국 영화는 칸, 베를린, 베니스 영화제 등에서 이름을 날렸고 앞으로 아카데미상을 기대하고 있다. 영화 「쉬리」의 여주인공 김윤진은 미국 TV드라마에서 이름을 날리고 있으며,

현재 미국에서 가장 주목받는 한국 여배우로 할리우드에서도 러브콜을 받고 있다.

앞으로 한국문화에 대한 세계인의 이해가 깊어지면, 한국의 전통문화와 예술도 더 큰 각광을 받게 될 것이다. 그런 조짐은 이미 나타나고 있다. 먼저 프랑스 파리가 한국 소설 세계화의 전초기지로 떠오르고 있다. 2005년 이후 프랑스의 유수 출판사들이 황석영, 오정희, 김훈, 김영하 같은 한국 작가의 작품을 다투어 출간하고 있는 것이다. 또한 일본에서는 최영미 시인의 시선집 『서른, 잔치는 끝났다』 등 한국 시인들의 작품이 잇따라 소개되고 있다. 『아사히신문』은 "한류 붐이 계속되는 가운데 문학에서도 동세대 감각을 지닌 한국의 시인이 드디어 소개됐다"고 호평했다. 이는 한국 대중문화에 대한 관심이 문화의 본령(本領)이랄 수 있는 문학으로 옮겨가는 과정인 셈이다. 이런 추세로 미루어 비디오 아티스트 백남준을 능가하는 한국 예술가들의 등장은 시간문제일 듯싶다.

10년 후, 뉴욕의 모습을 상상해보자. 거리에는 '비'를 비롯한 한국 가수들의 경쾌한 노래가 흘러나온다. 또한 하버드대학 출신인 한국계 가수의 지적인 '언플러그드 뮤직'이 각광받기 시작한다.

미국인은 한국 영화를 좋아해 한·미 합작영화가 심심치 않게 상영되고, 한국 남녀배우 주연의 멜로영화도 큰 인기다. TV토크쇼에는 한국 영화배우들이 초대되어 시청자에게 즐거움을 선사하고, TV드라마로는 「아빠와 함께 춤을」이라는 한국 가족 휴먼 드라마가 인기리에 방영 중이다.

같은 시각, 파리에서는 김훈의 소설이 베스트셀러에 올랐다. 한국에서도 노벨문학상 작가가 나왔고 한국 소설은 그 유장함과 독창성, 다이내믹한 전개로 유럽에서도 굳게 자리를 잡았다. 다른 한편으로 한국 사물놀이패와 프랑스 교향악단과의 협연이 큰 인기를 끌고, 한국 타악기의 일부는 업그레이드되어 프랑스 타악기로도 사용된다. '아리랑'은 이미 세계적인 민요가 됐고 한국의 창과 소리는 프랑스 음악학교에서도 가르친다….

생각만 해도 즐거운 이러한 상상은 결코 환상이 아니다. 노력 여하에 따라 얼마든지 성취 가능하다. 한류는 한국인의 에너지, 강인함, 가족간의 사랑, 감성, 신명, 끼, 신바람, 창의력, 유교·불교·기독교 등에서 우러나온 종교적 감수성과 경제발전, 민주화, 세계화, IT기술 등이 어우러지면서 창조된 '메이드 인 코리아'의 걸작품이다.

이러한 한류를 더욱 발전시키기 위해서는 이웃나라의 자본, 스타, 시나리오, 무대를 충분히 활용해 아시아류와 세계류로 거듭나야 한다. 이를 위해 한류는 한국의 전통문화와 고급문화 그리고 고급예술까지 망라한 한국적 문화모델로 재창조되어야 한다.

한류 전문가 신승일 씨는 중국, 일본 등 주변국과 공동 노력해 문화허브 성격의 쌍방향적 한류를 만들어야 한다고 주장한다.

한류 팬으로 인해 보이지 않는 우리의 영토는 갈수록 늘어날 것이다. 한국이 21세기에 '세계 7대 문화대국(C7)'이 되는 것은 시간문제다. "21세기는 문화산업에서 각국의 승패가 결정될 것"이라는 미래학자 피터 드러커(Peter F. Drucker)의 예언에 가장 부응할 나라가 바로 한국이다.

한국인에게 흐르는 두 가지 피, 전사기질과 선비기질

한국인에게는 두 가지 피가 흐른다. 하나는 만주 땅을 호령하던 북방 몽골계 적손(嫡孫)으로서 선천적으로 유전화한 '전사(fighter)기질'이요, 다른 하나는 한반도 농경사회에서 중국과의 교류를 통해 후천적으로 체득화한 '선비(scholar)기질'이다. 이 두 가지 피가 어떻게 결합되느냐에 따라 한국인의 삶과 역사가 결정됐다.

전사기질을 두루 갖춘 몽골계의 후예들

한(韓)민족은 수천 년간 만주벌판과 한반도를 말 달리고, 중국과 일본, 나아가 서남아시아까지 뻗친 해양을 따라 배를 띄우면서 용맹스럽고 강건한 기상을 발휘해 왔다. 고대 동아시아 중원의 패자(覇者)인 수(隨)·당(唐)과 자웅을 겨뤘던 북방의 패자 고구려인이 보여준 독자적인 천하관과 대륙기질, 중국 남방과 일본 열도까지 영향력을 뻗쳤던 백제인의 개척정신, 동북아시아 해상권을 거머쥔 통일신라인의 역동적 해양성 그리고 역사의 구비구비마다 나타나는 불굴의 저항정신이야말로 한국인의 야성이다.

이를 보다 구체적으로 표현하면 '전사기질'이다. 현대 한국인의 대표적인 성격으로 거론되는 강인함, 활력, 승부근성, 도전정신, 자신감, 대담함, 빨리빨리, 신바람, 직정성(直情性), 생존력, 악바리근성, 잡초근성, 냄비근성, 거침, 격정, 난폭, 떼거리근성 등이야말로 전사기질의 덕목들이다.

인종적으로 북방 몽골계에 속하는 한국인의 신체적 능력은 아시아에서 가장 뛰어나다. 특히 같은 몽골계이면서도 왜소한 체격의 일본인은 물론, 중국인과도 비교가 안 된다. 1988년 서울올림픽 때의 종합성적 4위를 비롯해, 이후 한국은 올림픽 때마다 대부분 세계 10위 안에 드는 성적을 기록했다. 1억 2천의 일본인, 13억의 중국인과 대결해서 말이다.

스피드와 지구력을 함께 요하는 '올림픽의 꽃' 장거리 마라톤에서는 한국이 단연 돋보인다. 한국에는 손기정, 황영조 등 2명의 금메달리스트가 있다. 아시아 다른 국가는 단 한 명의 금메달리스트도 없다(어이없게도 일본은 손기정을 자기네 기록에다 올리고 있다).

한국인이 특히 격투기나 완력을 요하는 스포츠를 잘하는 것은 결코 우연이 아니다. 제대로 먹지도 못하고 변변한 체육관조차 없던 최빈국 시절에도 올림픽에 나가면 유독 권투, 레슬링, 유도, 역도에서는 메달을 거머쥐었다. 건국 후, 한국이 이와 상관없는 종목에서 메달을 처음 딴 것이 1976년 몬트리올 올림픽 때 여자 배구팀의 동메달이었다.

□ 한국, 역대 올림픽 종목별 통산 금메달 수(1936년~2004년)

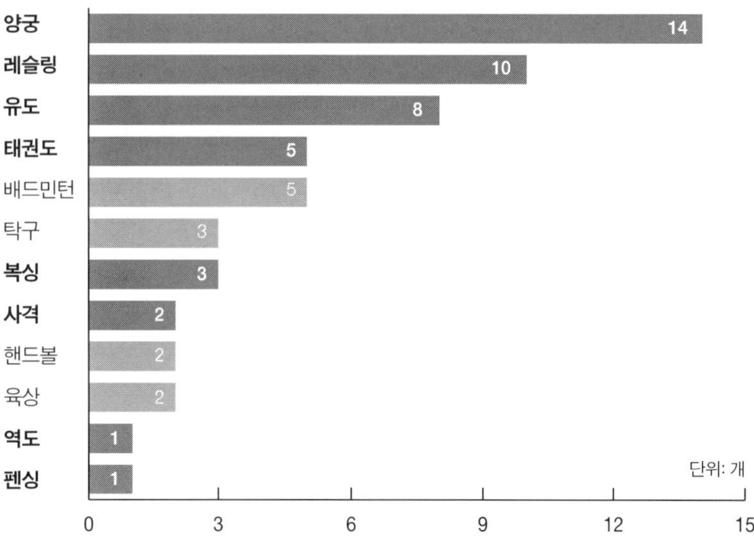

● 참조: 굵은 고딕 활자가 전투 관련 종목

한국인이 '전투'와 관련된 스포츠 종목에서 얼마나 발군의 실력을 보였는가는 역대 올림픽 메달을 집계해 보면 알 수 있다. 비록 일장기를 달고 출전했지만 마라토너 손기정이 참가했던 1936년 베를린올림픽부터 2004년 아테네올림픽에 이르기까지 한국이 획득한 금메달 수는 모두 56개다. 이 중 79퍼센트인 44개가 레슬링, 복싱, 유도, 양궁, 사격, 태권도, 역도, 펜싱 등 '전투' 관련 종목에서 딴 것이다. 은메달, 동메달을 포함한 전체 메달(186개) 중에서는 72퍼센트(134개)로 나타났다. 한 마디로 사람을 때려눕히고, 무기를 잘 쓰는 데 있어 세계 최상급이라는 소리다.

이는 한국인이 선천적으로 '전사' 기질임을 보여주는 통계다. 한국인에게는 싸움과 전투에 능한 유전인자가 각인돼 있다. 13세기 중세 때, 세계를 제패한 칭기즈칸 몽골 군단의 끓는 피가 우리에게 잠재돼 있다고 해도 과언이 아니다.

어쩌면 한국인은 '평화를 사랑하는 백의민족'이 아니라 선천적으로 '승부근성으로 똘똘 뭉친 전사민족'이라는 표현이 더 적합할 것 같다. 구기종목 중 가장 거친 축구에서도 한국이 13억 인구의 중국 대표팀을 상대로 연전연승하고 있을 뿐 아니라, 2002년 월드컵에서 4강까지 오른 것도 한국인 특유의 전사기질이 폭발한 데서 기인한 것이다. 한국 산악계가 세계 어느 나라 기록에도 없는, 8천 미터급 14개 거봉(巨峯) 완등자 3명을 배출해 '산악 강국'이 된 것도 같은 이유다.

한국인의 전사기질은 스포츠 분야뿐 아니라 사회 전반에 걸쳐 폭발해 '한강의 기적'을 이룩했다. 지금도 수많은 '산업전사', '무역전사', 'IT전사' 들이 전 세계에서 괄목할 만한 전과를 거두고 있다.

한국인의 두뇌를 따라올 자가 없다

예로부터 한국 사회는 학문을 숭상하고 학벌과 문벌을 중시하는 풍토가 강했다. 이런 전통은 기원 후 한반도에 농경문화가 정착되고 중국으로부터 유교문화가 전파되면서 형성되기 시작한 것으로, 지금 이 순간까지도 우리의 교육열은 타의 추종을 불허한다. 인(仁)과 예(禮)를 중시하는 유교사상은 충(忠)과 효(孝), 지식과 덕망, 예의범절, 원칙과 양심, 규범과 도덕 등을 가르쳐왔고, 지금까지도 한국인에게 큰 영향을 미치고 있다.

바로 여기서 선비기질이 생겨났다. 이는 '한국이 동아시아 문명과 사상의 중심'이라는 지적 자부심을 가져다주었을 뿐 아니라, 임진왜란 등 국난 때는 의병항쟁 등 순국정신으로 나타났다.

무릇 학문과 덕을 겸비한 선비란 백성을 사랑하고 대의를 위해서는 일신의 생명도 초개같이 버릴 줄 아는 이상적 인간의 전형으로 여겨져 왔다. 덕분에 선비기질은 '시대적 양심', '푸른 소나무 같은 기상', '대쪽 같은 지조'로 구현되어 왔다.

현대 한국인이 보여주는 애국심, 민족주의, 통일의식, 시민·환경·인권 운동, 교육열, 분배·평등주의, 일류병, 연고주의, 지역감정, 포퓰리즘, 무사안일, 문약(文弱), 공리공담, 사대주의, 반(反)시장정서 등의 뿌리는 대부분 선비기질에서 비롯됐다.

한국인의 머리는 세계 최고 수준이다. 지능지수(IQ)테스트를 하면 한국인은 항상 전 세계에서 1, 2위를 다툰다. 2004년 스위스 취리히대학에서 세계 180개국 국민들의 평균 IQ를 측정한 결과, 한국인이 106으로 1위에 올랐다. 2위는 일본(105), 3위는 타이완(104)이다. 2003년 영국 얼스터대학과 핀란드 헬싱키대학이 185개국을 조사한 결과에는 1위가 홍콩(107), 2위가 한국(106), 3위가 일본·북한(105) 순으로 나타났다. 한국 청소년들이 세계 과학경시대회나 국제올림피아드에서 1등을 하는 것은 이제 별다른 뉴스거리가 되지 않는다.

한국의 바둑도 세계 최강이다. 바둑 종주국격인 중국, 일본을 제치고 2000년 8월부터 31개월간 국제 바둑대회라는 대회는 모조리(23회) 휩쓰는 전무후무한 기록을 남긴 것도 두뇌의 우수성을 입증한다.

한국인의 머리가 좋은 이유에 대해 전문가들은 세 가지 이유를 꼽는다. 세계적으로 우수한 한글, 교육열 그리고 학문을 숭상하는 문화전통이다. 이는 한국인의 '선비기질'을 보여주는 좋은 증거다.

현대 한국 사회에서 이뤄낸 선비기질의 결정적 공헌은 세계 최고의 교육열로 국민의 교육수준을 단기간에 크게 향상시켜 '한강의 기적'의 원동력이 되었다는 점과, 오랜 기간 혹독한 독재 치하에도 굴하지 않고 민주화를 이뤄냈다는 데 있다. 선비기질은 이제 세계 일등 국가, 민족 대통일을 추구하며 일로매진하고 있다.

21세기는 한국인 최대의 국운 융성기

원래 거칠고 야성적인 전사기질의 주도층은 군인, 생산자들이었다. 그들은 힘과 스피드를 기본 동력으로 승리, 영토확장, 생산증대를 목표로 했다. 지극히 현실적이고 경제적이며 목적달성을 위해 수단과 방법을 가리지 않고 밀어붙이는 용맹한 기질은 긍정적이지만, 때로 난폭하고 무모하며 무질서한 측면도 있다.

반면, 순후하고 지성적인 선비기질의 주도층은 학자, 관리들이었다. 이들은 학식과 논리를 바탕으로 진리, 도덕정치, 입신양명을 추구했다. 이상적이고 관념적이며 원칙, 명분, 법도, 절차 등을 중시하는 것은 지혜롭고 양심적이며 예의바른 측면이 있지만, 문약(文弱)하고 허례허식적인 그늘진 면도 있다.

역사적으로 한국 사회는 이 두 가지 기질이 어떻게 결합하느냐에 따라 나라 전체의 운명이 결정된다. 이 두 가지 속성은 역사

◈ 전사 – 선비 개념 비교표

	전사	선비
주도층	군인 · 생산자	학자 · 관리
속성	야성	지성
기본기	힘 · 스피드	지식 · 양심
목표	승리 · 영토확장 · 생산증대	진리 · 도덕정치 · 입신양명
성향	세속적	이상적
	현실적	관념적
	전략적	원칙적
	경제적	비경제적
	효율	명분
	결과 중시	절차 중시
	능력 중시	학 · 문벌 중시
	충동적	합리적
	실천적	사변적
	민중적	귀족적
	호전적	평화적
	탈법	준법
	일사분란	사분오열
	합심단결	파벌당쟁
	실리	체면
	대충주의	완벽주의
	개방	폐쇄
	군사문화	유교문화
긍정적 결과	하면 된다	민주주의여 만세
	잘 살아보세	시민 · 환경 · 노동 운동
	세계화 · 개방화	통일 · 민족 · 주체성
	단결력	교육열
	실용주의	법치주의
	아침형 인간	나눔형 인간
	산업화 세력	민주화 세력
부정적 결과	독재	포퓰리즘
	목표지상주의	무사안일주의
	한탕주의	기회주의
	물질만능주의	반시장주의
	불평등 심화	계층 편가르기

혹은 상황에 따라 조화와 타협 및 분열과 대립을 불러오면서 한국인과 한국의 역사를 만들어왔다. 두 가지 속성이 조화를 이뤄 잘 조합할 때는 한민족이 융성했지만, 그것이 대립하거나 불균형을 이룰 때는 쇠퇴와 불행이 잇달았다.

광개토대왕, 장수왕이 다스린 서기 4~5세기의 고구려는 한국 역사상 최대 영토를 구축할 정도로 최상의 전사기질이 발휘되었다. 물론 대내적으로는 침체됐던 불교를 살리고 교육기관인 태학을 융성시키는 등 선비기질도 승했다.

7~9세기의 부유하고 국제화된 통일신라시대는 선비기질의 세련되고 귀족적인 문화와 전사기질의 역동적인 해양진출 및 무역이 잘 어우러진 시기였다.

13세기 고려 고종 때는 세계 최초로 중세 세계 지식문명을 이끈 금속활자 인쇄에 성공한 시기이면서 동시에 세계 최강 몽골군에 맞서 고군분투, 결사항전을 벌이던 전쟁기간이었다.

집현전 설치, 훈민정음 창제 등 학문과 과학기술을 발달시킨 조선 세종 때는 선비기질의 최고 융성기였다. 하지만 그와 더불어 왜구를 정벌하고 국토를 지금의 압록강과 두만강 유역으로까지 넓힌 전사기질도 발휘된 시기였다.

주목할 점은 7세기 고구려가 나당 연합군에 의해 멸망하고 한국인의 삶의 무대가 만주에서 한반도 내로 좁혀지면서 한국인의 전사기질은 조금씩 쇠퇴하기 시작한 반면, 선비기질이 득세하기 시작했다는 점이다. 대륙적 한국인에서 반도적 한국인으로 바뀌게 된 것이다.

조선시대 중기 이후, 한국은 지나치게 선비기질이 승하고 전사기질이 쇠함에 따라 나라 전체가 문약에 빠지고 잇따른 외침을 당했다. 예리한 선비기질은 당쟁, 공리공담, 무기력, 현실타협의 부정적 측면만 남아 형해화(形骸化)했다. 그리고 사이비 전사기질이 득세하면서 외부에 대한 공격은 엄두도 못 내면서 내부 동족을 향해 난폭, 수탈, 갈취, 독선, 억압의 통치가 무차별하게 자행되다 결국 망국으로 이어졌다.

하지만 해방 후, 한국은 되찾은 스피드, 신바람, 개척정신, 돌파력 등 전사기질의 에너지를 밖으로 돌려 뻗어나갔고, 선비기질의 성실함, 원칙, 도덕성, 양심, 우수한 두뇌 등과 조화를 이뤄 '기적의 역사'를 만들었다.

지금, 한국은 단군 이래 최대의 국운 융성기를 맞고 있다. 한국인의 전사기질과 선비기질은 앞으로 더욱 업그레이드되어 기술, 산업, 과학, 학문, 교육, 문화, 예술, 스포츠, 국방, 외교, 정치 등 세계 전방위 분야에서 정상을 제패하는 원동력이 될 것이다.

2

우리가 몰랐던 한국의 위대함

불량 학생 한국이 모범생 일본을 추월할 수밖에 없는 이유

지금 한국의 10대와 20대 젊은이들은 일본을 그리 대단하게 보지 않는다. 그저 '과거 조선을 식민지배 했던 나라', '우리보다 조금 잘 사는 나라' 정도로 인식할 뿐이다. 이들에게 일본은 결코 거창한 존재가 아니다. 그 이유는 특별한 실체가 없기 때문이다.

예컨대 일본인은 한국의 '욘사마'와 보아에게 열광하지만, 한국인은 열광할 만한 일본인 우상(idol)이 없다. 과거 한국인은 일제 소니를 최고로 쳤지만, 요즘은 삼성이나 LG를 더 좋아한다.

예전에는 올림픽 때마다 일본이 한국을 앞섰지만 지금은 한국이 일본을 앞선다. 하긴 축구는 몰라도 야구는 일본이 단연 앞서는 편이었다. 그러나 그것은 이제 과거의 얘기다. 야구마저도 한국 대표팀이 일본 대표팀을 연거푸 이길 정도로 훌쩍 커버린 것이다.

대체 왜 이런 일이 벌어지는 것일까? 세계 2위 경제대국이 도처에서 한국으로부터 추월을 당하는 현상은 무엇을 말하는 것일까?

과거에 한국인은 일본을 대단하게 보았다. 겉으로는 욕하고 비판했지만, 속으로는 '따라잡기에 벅찬 나라', '도저히 따라잡기 힘든 나라'로 인식했다. 이러한 인식은 나이든 한국인일수록 더 강했다. 그만큼 두 나라간 국력 차가 컸기 때문이리라. 경제, 산업, 기술, 과학, 문화, 학문, 시민의식 등 거의 모든 면에서 일본이 한국을 월등하게 앞섰다. 그런 상황이 변하기 시작한 것은 채 10년도 되지 않았다.

기성세대들이 일본을 보는 심사는 아직도 복잡한 편이다. 콤플렉스와 분노, 주눅과 허세, 무력감과 울화가 교차되면서 만들어진 대 일본관은 아직도 앙금으로 가라앉아 있다.

180도로 변한 한국인에 대한 호감도

그렇다면 일본인이 한국을 보는 심사는 어떨까? 가해자였고 우월한 위치에 있었기에 한국인보다는 훨씬 단순한 것 같다. 지금 일본 여성들은 주저없이 용사마에 빠져들지만, 과거에 한국이

‘후진국 중의 후진국’이었던 시절에는 한국은 안중에도 없었다. ‘가난하고 더럽고 미개한 민족이라 가까이할 필요도 없고 가까이해서도 안 된다’는 게 수십 년 전 일본인의 대 한국관이었다.

다오카 가즈오(田岡一雄: 1912~1981)는 세계 2위 일본 경제를 만드는 데 중추적 역할을 한 역사적 인물 21인에 꼽히는 거물이다. 동시에 그는 일본 최대 폭력조직 야마구치 구미(山口組)의 전설적 지배자로도 잘 알려져 있다. 그가 자서전에 쓴, 제2차 세계대전 패전 직후 한국인의 모습은 이랬다.

조선인은 암시장을 장악하고 거대한 이익을 올렸으며 무리를 이루어 자갈이 나뒹구는 초토화된 고베 거리를 활보했다. 지나가는 행인의 눈초리가 마음에 들지 않는다며 트집을 잡거나 무전취식을 했으며 대낮에 큰 길에서 부녀자를 희롱하기도 했다. 선량한 시민은 공포의 도가니에 휩싸였다.

이런 불량분자들은 구(舊) 일본군의 육·해군이 입던 비행복을 즐겨 입었다. 소매에 완장을 차고 반장화를 신었으며 새하얀 비단 목도리를 목에 감고 기세 좋게 거리를 으스대며 걸어갔다. 허리에는 권총을 차고 손에는 하얀 베를 두른 쇠파이프를 들고 폭행과 약탈을 저질렀다. 차마 눈뜨고 볼 수 없었다.

경찰이 달려와도 어쩔 수 없었다. “우리는 전쟁에 이긴 민족이야. 전쟁에서 진 너희 일본인들이 뭘 어쩔 거야.” 경찰을 괴롭히고 경찰이 차고 다니는 칼을 구부러뜨렸다. 거리는 폭도가 날뛰는 무법천지였다. 그들을 저지하고 억제하는 사람은 한 사람도 없었다.

—정대균, 『일본인은 한국을 어떻게 바라보고 있는가』

패전 후, 일본에서 한국인의 이미지는 최악이었다. 승전국 미국의 맥아더 원수가 진입하자, 60만 재일 한국인이 가장 먼저 "이제 일본인이 아니다" 하며 환호했다. 전쟁에 지고 낙담해 있던 일본인에게 한국인은 폭력배 내지 무뢰배로 보일 수밖에 없었다.

1949년, 일본 심리학자 구스노키가 실시한 '일본 학생들의 민족 호감도' 조사결과를 보면 한국인에 대한 호감도는 15개 민족 중 꼴찌였다.

1951년, 인류학자 이즈미 세이이치(泉靖一)가 실시한 조사결과에서도 16개 민족 중 꼴찌였다. '한국인이 좋다'고 응답한 사람은 총 응답자 158명 중 8명뿐이고, 나머지 150명은 '싫다'고 답했다.

한국인의 '외관'에 대한 일본인의 평가에서는 총 312명의 응답자 중 3백 명으로부터 불결함(210명), 추악함(90명)이라는 부정적인 답변이 나왔다. 가히 '엽기적인' 수준이었다. 청결함(11명), 멋짐(1명)이라는 긍정적 반응은 12명에 불과했다.

한국인도 일본인을 좋아하지 않았지만 일본인의 혐한(嫌韓)감

순위	민족
1위	일본인
2위	미국인
3위	독일인
4위	프랑스인
5위	영국인
6위	이탈리아인
7위	만주인
8위	인도인
9위	중국인
10위	터키인
11위	유대인
12위	러시아인
13위	몽골인
14위	흑인
15위	한국인

● 자료: 구스노키 『심리학 연구』 제21권 제3, 4호

정 역시 만만치 않았던 것 같다. 한국인에 대한 일본인의 반응을 종합해보면 '불결하다', '문화적으로 저급하다', '교활하다', '속이 검다', '무례하다', '경제적으로 도움이 되지 않는다', '일본을 업신여긴다', '일본을 증오한다', '추악하다' 등의 이미지로 압축됐다. 일본인에게 한국인은 '사귀지 말아야 할 민족' 1순

위였다. 이는 당시 한국의 혼란, 전쟁, 가난까지 합쳐져 1970년대 초까지 일본인에게 고정된 이미지로 작용했다.

그러나 한국이 산업화와 민주화를 성취한 데 이어 21세기 들어 정보화에서 세계 선두주자로 발돋움하면서 일본인의 대 한국관은 상전벽해처럼 바뀌고 말았다.

2004년, 일본 열도를 강타한 드라마 「겨울연가」(일본명 후유노 소나타) 열풍은 기존 한·일 관계의 역전을 알리는 서곡이었다. 원래 문화란 선진국에서 후진국으로, 부자 나라에서 가난한 나라로 흐르는 법인데 희한한 현상이 나타나게 되었다. 일본문화가 한국을 사로잡은 것이 아니라, 한국문화가 일본을 사로잡는 일이 벌어진 것이다.

'용사마' 배용준의 인기는 미국에서 활약하는 일본 프로야구 스타 이치로와 고이즈미 총리를 제치고 1위로 올랐다.

물론 1950년대 프로레슬러 역도산(力道山)도 일본인의 우상이었지만, 그는 귀화 일본인 신분이었고 순수 한국인으로서는 배용준이 최초다. 그 문화적 충격은 컸다. 일부 일본인은 "기원전 3세기의 벼농사 전래, 기원후 4세기의 아직기·왕인 선생의 한학 전래와 함께 한·일 역사상 3대 교류사건"으로 꼽았을 정도다.

「겨울연가」 열풍은 한국인에 대한 일본인의 일그러진 인상을 180도로 바꿔버렸다. 일본 내각부의 '외국에 대한 친근도' 설문조사에서 한국에 대한 친근감은 1990년대까지 평균 40퍼센트 선이었지만, 용사마 열풍 이후 60퍼센트 대로 올라섰다.

한·일간 결혼알선업체인 라쿠엔 코리아에 따르면 "한국 남성과 결혼하겠다"는 일본 여성이 크게 늘어났다고 한다. 일본인 사이에서 "이영애가 말을 하면 한국어도 멋진 불어처럼 들린다", "배용준이 말하는 한국어의 울림이 그렇게 멋질 수 없다"는 긍정적인 얘기들이 자연스럽게 흘러나오고 있다. 1983년, 배구 선수 강만수의 팬으로 20년간 한류 전파에 힘써온 여배우 구로다 후쿠미(黑田福美)는 이렇게 말한다.

"그동안 일본인은 한국을 아예 '없는 나라'로 취급했다. 그러나 요즘엔 한류를 통해 미국과 같은 '보통 외국'으로 대하게 되었다. 앞으로 한국에 대한 인식은 더 좋아질 것이다."

미국의 『월스트리트저널』은 "「겨울연가」로 그동안 한국을 업신여겨왔던 일본 구세대들의 태도가 완전히 바뀌었다"고 보도했다. 과거 혐오식품에 속했던 김치는 어느덧 일본인의 식탁 한 가운데를 차지하게 되었으며, 불고기는 일본인이 가장 좋아하는 고급 요리로 부상했다.

사냥준비를 마친 야생 호랑이의 포효

실질적인 한·일 관계의 변화는 산업, 그것도 기술(technology)에서 나타났다. 그동안 '기술' 하면 일본, '전자' 하면 소니였는

데, 2005년 한국의 간판 삼성전자가 일본의 간판 소니를 확실히 제압해버린 것이다. '2005년 세계 100대 브랜드'에서 삼성은 브랜드 가치 20위를 기록해 28위인 소니를 여유 있게 추월했다. 돈으로 따지면 149억 달러 대 107억 달러다. 미국『포춘』지가 선정한 '세계 500대 기업'에서도 삼성전자는 39위로, 47위인 소니를 성큼 제쳤다.

그 해 7월,『뉴욕타임스』는 "거인 소니가 새로운 강자 삼성에 손을 내밀었다. 소니는 위기에 처한 세계 시장에서 지배력 복구

◈ **2005년 삼성 대 소니 비교 1** 단위: 달러

	삼성	소니
순위	20위	28위
브랜드 가치	149억	107억

● 자료: 인터브랜드 선정 '세계 100대 브랜드'

◈ **2005년 삼성 대 소니 비교 2** 단위: 달러

	삼성	소니
순위	39위	47위
매출액	719억	666억
순익	94억	15억

● 자료:『포춘』지 선정 '세계 500대 기업'

를 위해 삼성전자와 제휴하는 길을 택했다"라고 보도했다.

삼성전자는 원래 일본 산요전자의 협력을 받아 1969년에 설립되었다. 그때만 해도 30년 뒤에 삼성이 일본 전자업계의 간판이라 할 수 있는 소니를 능가하리라고는 아무도 예상치 못했다. 바로 몇 년 전까지만 해도 소니를 비롯한 일본의 전자제품은 한국인에게 선망의 대상이었다. 일본을 방문한 한국 여행객들은 도쿄 전자상가인 아키하바라를 찾았고, 삼성 직원들은 일본에 출장가면 일본의 신형 전자제품을 구입해 뜯어보는 것이 일과였다.

이제 삼성이 소니를 능가하게 되었다. 이는 스승과 제자의 진검승부에서 스승이 참패했다는 뜻이기도 하다. 소니를 비롯한 일본의 전자업체들은 한국 전자산업의 모태(母胎)나 다름없기 때문이다.

1996년 말, 삼성전자의 주식 시가 총액은 소니의 11분의 1에 불과했다. 그러나 2002년부터 앞지르기 시작해, 2005년 1월 삼성과 소니의 기업가치 차이는 두 배 가까이 벌어졌다. 순이익 면에서도 2004년 삼성전자는 10조 원 이상의 이익을 냈다. 이는 소니의 열 배요, 일본 5대 전자업체의 이익 총액보다 많은 것이다. 그러나 한국이 일본을 추격하여 역전극을 펼치는 것은 비단 산업분야만은 아니다.

흥미진진하게도 바둑 역시 역전 드라마다. 한국 바둑의 '개척자’ 조남철, ‘황제’ 조훈현은 모두 일본에서 바둑을 배운 뒤 귀국해 천하를 호령했다. 일본은 한국 바둑의 스승이었다.

1980년대 초반, 일본 바둑은 세계 최고였다. 아니, 수백 년간 바둑은 일본 천하였다. 그러던 ‘천하무적’ 일본이 ‘변방’ 한국에 어느 날 갑자기 무참하게 무너져 내리기 시작했다. 일본의 최고수들이 한국의 조훈현, 서봉수의 ‘하류(下流)’ 수법에 초토화된 것이다. 마치 중국의 한족들이 만리장성을 넘어온 몽골 군단에 일거에 허물어져버린 것처럼.

1990년대, 솜털이 보송보송한 10대 소년 이창호의 등장으로 일본 바둑은 수백 년간 유지해온 ‘천하제일’의 타이틀을 한국 바둑에 넘겨주고 말았다. 바둑 전문기자 박치문은 이를 한국 특유의 ‘야생력(野生力)’으로 표현하고 있다.

중국이 ‘한국류(韓國流)’라고 부르는 한국 바둑은 사납고 세련되지 않은 수법, 진흙탕에서 뒹구는 추한 수라도 거침없이 사용하는 실전 위주의 치열한 수법을 의미했다. 이는 ‘미학(美學)’으로 상징되는 고상한 일본 바둑과는 철저히 대비되는 표현이다. 일본에서는 ‘바둑의 본질은 능률이며 능률적인 것은 아름답고 비능률적인 것은 추하다’는 오랜 전통이 지배하고 있다.

허나 사람들은 곧 깨닫게 되었다. 바둑판이란 전쟁터에서 미추(美醜)의 개념은 스스로의 행동반경을 좁히는 족쇄일 뿐이라는 것을. 이창호 9단이 등장하기 전, 조훈현 9단이 비 오듯 쏟아지는 총탄 속에서도 결코 죽지 않고 기적 같은 역전승을 많이 거두자, '혹시 너무 대운(大運) 덕을 보는 게 아니냐'는 느낌마저 들곤 했다.

그러나 한국 바둑의 원동력은 특유의 생명력이다. 일본 미학이 순풍에선 강하지만 위기에서 허약한 반면, 야생의 한국류는 위기에 봉착할수록 강인한 생명력을 토해냈고 그것이 기적의 승리로 이어졌던 것이다. 잘 짜인 틀은 아름답다. 그러나 틀에 얽매이지 않으면 강하다. 한국류가 세계 바둑을 지배하게 된 사연이다.

—『중앙일보』 2005년 3월 24일자. '한국류 vs. 일본 미학'

2006년 봄, 한국 야구가 '야구 월드컵'인 WBC에서 일본을 두 번이나 연거푸 이겼을 때 일본의 언론은 마치 도쿄 한복판에 대지진이 일어난 것처럼 표현했다. 도저히 질 수 없는 게 일본의 실력이요, 도저히 따라올 수 없는 게 한국의 수준이라고 생각했기 때문이다. 이것 역시 한국 야생력의 승리였다.

일본인의 야구 사랑은 한국인으로서는 이해하기 어려울 정도다. 한 예로 일본에서 가장 많이 팔리는 위인전기는 1위가 헬렌 켈러이고 2위는 1960~1970년대 전설적인 안타 제조기 나가시마 시게오(長嶋茂雄) 요미우리 자이언츠 종신 명예감독이다. 그는 2006년 일본 대표팀 감독을 맡았던 홈런왕 오 사다하루(王貞治)와 함께 한 시대를 풍미한 국민적 영웅이다.

도쿄 와세다대학 도서관 앞에 가면 눈에 띄는 동상과 비석이 있다. 보통은 유명한 학자나 그 학교 출신 정치가의 동상이겠거니 생각하지만, 사실 그것은 와세다대학 야구부 초대 감독의 동상이다. 그리고 비석은 재팬시리즈가 그 대학 운동장에서 시작됐다는 것을 알려주고 있다.

일본에서 야구의 위상은 한국에서 축구나 태권도의 그것보다 높다. 일본의 정치, 경제, 현대사와 궤를 같이 할 정도다. 역사는 물론 선수 층, 시설, 지원, 역량이 한국과 비교가 안 될 정도로 뿌리가 깊다. 그럼에도 불구하고 한국 야구팀에 두 번이나 무릎을 꿇었다.

한국 야구의 승리는 단순히 운동경기 차원으로만 볼 수 없다. IT, 대중예술 등 사회 제반 분야에서 한국이 일본을 추월하는 '역조현상' 의 연장선으로 봐야 한다. 한국의 국력과 에너지가 드디어 각 부문에서 일본을 따라잡을 정도로 커지고 있음을 보여준다.

IT시대의 '불량기질' 은 곧 '명품기질' 이다

20세기 산업화시대는 일본의 시대였다. 그러나 21세기 IT시대는 상황이 다르다. 오히려 일본에서 '한국식 경영을 배우자' 는 말이 자연스럽게 나오고 있다. 2000년대 초, 한국에서 벤처기업

붐이 일어나자 일본 언론은 "한국인의 창의성, 빠른 의사결정, 과감한 결단, 스피드, 모험정신을 배워야 한다"고 강조했다.

최근에는 일본도 10여 년의 장기침체를 벗어나 경쟁력을 복원하고 '신(新)일본식 모델'로 시스템을 업그레이드하고 있다는 소리가 들린다. 일본 후지츠 종합연구소 이사장직을 겸하고 있는 시마다 하루오(島田晴雄) 게이오대학 교수는 이 변화의 근원에 한국이 있다고 지적한다.

"사실 일본이 정신을 차린 것은 '한국 쇼크' 덕이기도 하다. 어느 날 정신을 차리고 보니 삼성이 (반도체에서) 일본을 까마득히 추월했다. 여기에다 한국의 브로드밴드(초고속 인터넷망) 쇼크도 엄청난 충격을 주었다."

한국 발 쇼크로 일본 정부와 산업계는 다같이 지난날을 반성하고 한국 따라잡기에 나섰다. '타도 삼성'을 목표로 일본 메모리 반도체산업이 하나로 뭉쳤고, 통신망은 경쟁체제로 전환되었다. 시마다 교수는 "한국 덕에 세계에서 통신비용이 가장 저렴한 나라가 됐다"고 했다. 우리도 모르는 사이에 일본은 한국을 파고들어 한국의 성공비결을 모방해 자기 것으로 만든 것이다.

도요타자동차의 와타나베 가츠아키(渡邊捷昭) 사장은 현대자동차에 대해 '위협적'이라고 평가했다. 세계 최강의 자동차회사를 이끌고 있는 그는 2005년 5월 중국에 갔을 때 '베이징 현대'의 기세가 너무 강해 현지 공장 관계자들에게 "현대자동차를 분해해 우리(도요타)와 비교해보고 무엇이 우수한가를 조사하라"
고 엄명을 내렸다.

"현대 차는 미국에서 한 번 실패한 경험이 있다. 당시의 체험
을 생각하면서 세계 자동차회사를 연구했다고 생각한다. 엄청난
공부를 한 것 같다. 그래서 좋은 차 만들기에 집중할 수 있었던
것이 아닌가. 우리가 성장하고 있다는 이유로 자만하면 일거에
질 수도 있다고 생각한다. '위협적' 이라는 생각은 진심이다. 정
말로 끊임없이 배우고 변화하지 않으면 안 된다고 생각한다."

후진국 한국이 까마득히 앞서가던 일본을 따라잡게 된 이유는
무엇일까? 한 · 일 양국민의 국민성 내지 기질과 관련해 네 가지
이유를 찾을 수 있다.

첫째는 한국인의 '강인한 생명력' 이다. 잡초근성으로 불리는
야생력이 일본인보다 월등하게 강하다. 특히 어려움이 닥칠 때
마다 '꼭 살아남아야 한다', '반드시 이기겠다' 는 의지와 정신
을 살려 실력과 기량을 뛰어넘는 괴력을 발휘했다. 능률과 미학
을 추구하는 일본 바둑을 사납고 세련되지 못한 수로 압박해 이
기는 한국 바둑, 객관적인 전력으로 분명 열세인데도 경기 후반
에 역전승 신화를 만들어내는 한국 야구가 이를 말해준다.

한국인의 강한 생존정신은 불행했던 근 · 현대사와 밀접한 관
련이 있다. 외딴 섬나라 일본이 역사적으로 외부 침입 없이 평화

단위: 달러

	1970년	2004년
한국 GDP	81억(33위)	6,801억(10위)
일본 GDP	2,003억(3위)	4조 6,674억(2위)

● 자료: 한국은행, IMF
● 참조: 1970년 한국 국내총생산(GDP)은 일본의 25분의 1 수준, 2004년은 일본의 6.8분의 1 수준

단위: 달러

	1970년	2004년
한국 GNP	252	1만 4,162
일본 GNP	1,948	3만 7,251

● 자료: 한국은행, IMF
● 참조: 1970년 한국 1인당 국민소득(GNP)은 일본의 8분의 1 수준, 2004년은 2.3분의 1 수준

롭게 살아온 반면, 한반도는 끊임없는 외적의 침입과 전란으로 격동의 세월을 보내야만 했다. 다른 민족 같으면 벌써 지구상에서 사라지고 말았을 정도의 장구한 고난의 세월을 견디면서 한국인에게는 강인함, 인내심, 적응력, 순발력, 기지 등의 생존본능이 축적돼 왔던 것이다.

'국화와 칼'의 일본 민족에게 단련된 극기(克己)적 태도의 '무사(武士·warrior)도'가 있다면, '말과 붓'의 한국 민족에게는 거칠고 야성적인 '전사기질'이 있다. 일본인은 흔히 한·일 양국

의 국민성을 이렇게 비교한다.

"일반적으로 한국인은 일본인에 비해 강인하고 호방하고 대담하고 활기차 보인다. 반면, 난폭하고 무례하고 무질서하며 신중하지 못한 측면이 있다."

둘째는 한국인의 '불량기질' 이다.

일본인은 정확성과 근면성에서 세계 최고다. 20세기 산업화시대에 걸맞은 그러한 기질 덕분에 세계를 제패했다. 그러나 21세기 IT(정보기술)시대는 다르다.

이제 정확성과 근면성을 요하는 일은 컴퓨터와 로봇, 제3세계 노동력으로 대체되고 있다. 지금 필요한 것은 독창성과 창의력이다. 바로 이 점에서 한국인이 일본인보다 한 수 위다.

일반적으로 일본인은 정해진 규칙을 열심히 지킨다. 반면, 한국인은 필요하다면 규칙도 무시한다. 일본인이 모범생 타입이라면, 한국인은 불량 학생 타입이다. 일본인은 모험을 피해 정해진 길을 가는 것을 좋아한다. 반면, 한국인은 벤처를 선호한다. 새 길을 개척하려 든다. 일본인은 가르치면 가르친 대로만 한다. 그러나 한국인은 '이게 더 좋은 방법' 이라며 새로운 방법을 적용한다. 일본인은 의사결정에서 관행과 절차를 중시한다. 반면, 한국인은 필요하다면 이를 뛰어넘어 곧바로 핵심에 돌진한다.

한국인의 이런 행동은 상궤를 벗어난 파격, 상식을 벗어난 일탈로 보일 수도 있지만, IT시대에는 이것이 미래를 위한 창조적 파괴나 혁신으로 발전할 수 있다. 실제로 한국인의 이런 '불량' 기질은 IT산업에서 유감없이 긍정적으로 발휘되고 있다. 소프트 뱅크의 창시자 손정의(손 마사요시)가 일본 IT업계의 대부로 군림하는 이유도 여기에 있다. 그의 내면에는 한국계의 거친 독창성의 피가 흐르기 때문이다.

셋째는 한국인의 '베짱이기질'이다. 한국인은 '노세 노세 젊어서 노세'를 외치며 놀기 좋아하고 가무에 능하다. 솔직하고 감성적이며 열정적이다. 타고난 신바람에 흥이 나면 아무도 못 말리는 낭만, 에너지, 예술적 기질을 분출한다. 때문에 이성보다 감성에 치우치는 경우가 많다.

반면, 일본인은 생각이 깊고 신중하며 참을성이 많고 학구적인 스타일이다. 감정표출을 극도로 자제하며 느낌보다는 판단으로 접근한다. 감성적이기보다 이성적이다.

이처럼 양국의 확연한 기질적 차이를 보면 왜 경제대국 일본의 일류(日流)는 없고, 한국의 한류(韓流)가 뜨는지 그 이유를 알 수 있다. 문화, 예술에 꼭 필요한 열정, 신바람, 자유분방함, 감성, 직관력, 기(氣) 등에 있어서 '베짱이'인 한국인이 '개미'인 일본인보다 몇 수 위기 때문이다.

더욱이 21세기는 미국 국제정치학자 조지프 나이(Joseph S. Nye)의 주장처럼 부국강병의 '하드파워'가 아니라, 문화의 '소프트파워'가 주도하는 시대다. 한국은 소프트파워가, 일본은 하드파워가 강한 나라다. 지금 일본이 벌이는 과거사 미화작업, 미국을 등에 업고 아시아의 맹주로 나서려는 외교정책 등도 일본이 아직 '하드파워' 지향 국가임을 입증한다. 조지프 나이도 "일본문화는 미국문화에 비해 내향적인 데다 일본 정부가 1930년대의 역사를 솔직담백하게 직시하려 하지 않아 소프트파워 기반이 잠식되고 있다"고 지적했다.

사람으로 따지면 일본은 돈 많고 힘도 세지만, 결코 매력적인 사람은 못 된다. 반면, 한국은 여러 가지 단점에도 불구하고 정감 있고 솔직하고 흥이 있어 인간적이다.

넷째는 '교육열'이다. 미래에 대한 가장 확실한 투자인 교육열은 두 나라 모두 강하지만, 요즘 들어 한국이 앞서는 추세다.

미국 국제교육연구소가 조사한 2003년 미국 유학생 수를 보면 3위가 한국(5만 천519명), 4위가 일본(4만 5천960명)이다. 일본보다 인구도 소득도 적은 한국에서 더 많은 유학생을 보내고 있는 것이다. 한국무역협회가 발표한 '2002년 미국에서 활동하는 학자현황'을 봐도 2위가 한국(7천143명), 4위가 일본(5천736명)이다.

정부가 교육비로 지출하는 비중도 한국이 훨씬 크다. OECD의 2001년 자료에 따르면 GDP에서 교육기관에 대한 지출이 차지하는 비중이 세 번째로 높은 나라가 한국(8.2퍼센트)이었다. 반면, 일본은 아예 10위권 밖으로 밀려났다. 민간에서 교육기관에 대한 지출이 GDP에서 차지하는 비중에서도 한국은 2위(3.4퍼센트)

순위	국가	유학생 수
1위	인도	74,603명
2위	중국	64,757명
3위	한국	51,519명
4위	일본	45,960명
5위	대만	28,017명

● 자료: 미국 국제교육연구소(Institute of International Education)

를 차지했지만 일본은 10위권 밖이었다. 미래의 지식 강국이 한국임은 두말할 나위 없다.

네 가지 기질만 보아도 21세기에 한국이 일본을 추월하는 것은 시간문제라는 것을 알 수 있다. 이미 시동은 걸린 지 오래고, 이제 막 성과가 하나둘 나타나기 시작하는 단계다. 일본이 장년기에 접어든 '지는 나라' 라면, 한국은 성취를 향해 달려가는 청년기의 '뜨는 나라' 다.

역사적으로 한국은 일본의 스승이었지만, 중세 이후 일본의 침략대상으로 전락했다. 지난 7백여 년의 한을 털 때가 다가오고 있다.

수십 년 전, 한국은 일본 국력의 수십 분의 1에 불과했다. 지금은 6분의 1로 근접했다. 한국 인구가 일본의 2.5분의 1, 국토면적이 3.8분의 1에 불과한 상황에서 이룬 성과다. 앞으로 남과 북이 통일돼 한국이 7천만 인구에 지금의 남한 크기보다 2.2배가 되는 영토를 소유하게 된다면 일본과의 경쟁은 또 다른 차원에서 벌어질 것이다.

결국 미래는 사람에게 달려 있다.

과거, 일본이 서구문물을 재빠르게 받아들여 아시아의 강국, 세계 2위 경제대국으로 도약한 것도 그 시대적 상황과 일본인의 리더십, 기질, 국민성, 문화가 맞아떨어져 선순환 작용을 했기 때문이다. 마찬가지로 한국이 20세기 후반부터 뛰기 시작해 한강의 기적을 이루고, 세계 10위 경제국가로 발돋움하여 21세기를 주도할 국가로 부상하고 있는 것도 한국인의 리더십, 기질, 국민성, 문화가 시대적 상황과 맞아떨어지기 때문이다.

한국인이 일본인보다 더 과감하게 빠르게 활기차게 보다 높은 목표를 향해 노력한다면, 미래는 한국의 것이다.

문제투성이 한국 교육이 세계 최고라니?

"한국 교육은 세계 최고 수준이다. 1945년 광복 이후 60년간 한국 교육이 이룬 성과는 세계적으로 자랑할 만하다. 질과 양 모든 면에서 주목할 만한 성과를 거두었다."

부자 국가들의 모임인 OECD에서 교육국장을 맡고 있는 배리 맥고가 2005년 6월 '한국 교육 60년의 성취와 도전'을 주제로 한 국제 세미나에서 이런 견해를 밝혔을 때 많은 한국인이 고개를 갸우뚱했다.

'문제투성이 한국 교육이 세계 최고라니?'

맥고 국장은 우선 질적인 측면에서 한국의 학력 수준을 '세계 1위'라고 평했다. 그는 그 증거자료로 OECD가 조사한 '학업성취도 국제비교'를 제시했다.

	2000년	2003년
문제해결력	자료 없음	1위(550점)
읽기	6위(525점)	2위(534점)
수학	2위(547점)	2위(542점)
과학	1위(552점)	4위(538점)

● 자료: OECD

31개 회원국 중 한국은 문제해결력 1위, 읽기와 수학은 2위를 기록했다. 이 중 수학은 1위 핀란드(544점)와 대동소이한 542점으로 사실상 공동 1위라고 할 만했다. 미국은 24위(483점)를 차지했다.

그는 이렇게 설명했다.

"이것은 암기력이나 학교에서 가르친 것을 테스트한 것이 아니라 학생들의 지식응용력을 측정한 것인데, 한국 학생들은 문제해결력과 수학 두 분야에서 모두 최고 수준이었다. 이는 한국의 교육 내용이 대단히 우수하다는 것을 말해준다."

양적 성장은 더 괄목할 만하다. 한국의 고교 졸업률은 40년 전에는 OECD 국가 중 하위권인 24위였다. 그러나 지금은 10년째 세계 1위다. 또한 초등학교 취학률은 의무교육의 영향으로 1960

년대에 90퍼센트 선을 넘어선 이후, 거의 백 퍼센트 수준을 유지하고 있다. 중·고·대학 진학률도 2004년 현재 80~99퍼센트대를 기록해 세계 최고 수준이다.

한국은 초등학교에서 대학에 이르기까지 교육을 받을 수 있는 기회와 시설이 세계 어느 나라보다 풍부하다는 얘기다. 마이클 세스 미국 제임스 메디슨대학 역사학과 교수는 한국인의 교육열이 '한강의 기적' 을 이룩했다고 칭찬을 아끼지 않았다.

"교육열이야말로 1945년 이후 60년간 한국을 우수한 교육 국가로 탈바꿈시킨 중요한 요소다. 학교 교육에 대한 높은 사회적 요구 덕분에, 가난하던 시절 정부는 학교 교육의 재정적 부담을 학생과 가족에게 전가할 수 있었다. 가난한 부모들까지 자녀를

◀▶ 초·중·고·대학 취학 및 진학률 단위: %

	1965년	1980년	2000년	2004년
초등학교	90.1	101.1*	98.7	99.7
중학교	54.3	95.8	99.9	99.9
고등학교	69.1	84.5	99.6	99.7
대학교	32.3	27.2	68.0	80.7

● 자료: 한국은행, '숫자로 보는 광복 60년'
* 초등학교 취학률은 통계 누락이나 조기 취학 등 일시적인 현상으로 100%를 넘을 때가 있음

위해 막대한 개인적 희생을 마다하지 않았다."

더욱 귀에 솔깃한 얘기는 '한국이 세계 어느 나라보다 교육 평등을 이룩하고 있다' 는 맥고 국장의 긍정적 분석이다. 엄청난 사교육비로 인해 교육을 통한 부(富)의 대물림이 심각하다고 걱정하는 우리네 생각과는 정반대다. 그는 '한국이야말로 부모의 사회적, 경제적 수준이 학생 성적에 미치는 영향이 적어 교육의 형평성이 유지되는 나라' 라고 평가했다.

"학생 성적과 부모의 사회·경제·문화적 지위를 분석한 결과, 한국의 경우 학생의 성적이 부모에 따라 결정되는 비율은 14.2퍼센트다. OECD 국가들의 평균인 20.3퍼센트보다 훨씬 낮은 수치다. 이는 한국이 학생 개인의 노력과 학교 교육에 따라 85.8퍼센트 정도의 학업 성취가 가능하다는 것을 의미한다."

빈부차이로 인해 교육 불평등도 심할 것이라는 선입견과 달리, 한국의 교육 평등은 선진국 어느 나라보다 잘 이뤄지고 있다는 것이 그의 견해였다.

그렇다면 우리 교육의 정확한 실상은 어떠할까? 외국의 교육 전문가들조차 한국 교육의 성과를 성공적이라고 칭찬하는데, 정작 한국인은 왜 한국의 현실을 부정적으로 보는가? 외국인이 뭘 몰라서 그런 평가를 내리는 것일까? 아니면 한국인이 상황을 너무 비관적으로 보기 때문일까?

현실을 파헤쳐 보자면, 공교육은 사실상 추락해가고 있다. 웬만한 집 학생들은 더 이상 학교에 의존하지 않고 사교육을 받는다. 부모들은 이제 교사보다 학원 강사나 과외 선생을 더 신뢰한다. 일선 교사도 진학상담을 하러 온 부모에게 '학원에 가서 물어보지 왜 나에게 물어보느냐'고 말하는 세상이다.

사교육비에 들어가는 돈은 천문학적이다. 그것도 모자라 돈 있는 집에서는 아예 철부지 시절부터 자식과 생이별을 하고 외국으로 조기유학을 보낸다. 민주화 이후에 들어선 정권들은 지나친 입시위주의 공부를 지양하고 과중한 사교육비 부담을 줄인다는 '확고한' 목표를 가지고 각종 개혁정책들을 펴왔지만, 유감스럽게도 결과는 더 나빠지는 상황으로 치닫고 있다.

뜨거운 교육열의 순기능과 역기능

그러면 정확한 실태파악을 위해 먼저 1945년 해방 후부터 1970년대까지의 상황을 점검해보기로 하자.

한국인의 교육열이 높다는 것 그리고 그 뿌리가 깊다는 것은 누구나 인정한다. 교육열이 높은 첫째 이유는 역사적으로 문(文)을 중시하는 숭문(崇文)사상 덕분이다. 특히 조선조에 들어와 유교문화와 선비정신이 확산되면서 글 읽는 선비나 관리가 대접받고 상인(商人)과 장인(匠人)은 천대를 받았다.

둘째, 한국인 특유의 '지고는 못 사는' 경쟁심이 교육열을 부추겼다.

셋째, 세계 1, 2위를 다투는 한국인의 우수한 두뇌가 머리로 승부하는 일에 집착하도록 했다.

넷째, 세계에서 가장 과학적이며 배우기 쉬운 한글 덕도 작용했다. 세계 어느 나라 말보다 읽고 쓰기가 쉬워 교육인구가 늘었고, 그러다 보니 교육열이 높아질 수밖에 없다는 얘기다.

교육열은 기본적으로 긍정적인 에너지요, 사회를 발전시키는 커다란 동인(動因)이다. 해방 후, 가난과 전쟁을 겪으면서도 한국의 부모들은 자신은 굶더라도 자식들의 학용품과 교과서는 챙겼다. 세계에서 가장 빈한한 나라였지만, 아무리 어려운 집이라도 자식들을 학교에 안 보내면 그 부모는 사람 취급을 받지 못했다.

시골에서는 서울로 유학 간 자식의 등록금과 하숙비를 마련하기 위해 땅도 팔고 소도 팔았다. 그래서 한때 대학을 우골탑(牛骨塔)이라 부르기도 했다. 자식들에게 '더 나은 삶을 살게 하고 싶다'는 한국 부모들의 정성은 신을 감동시킬 만했다.

부모들만 그런 열정을 보인 것이 아니었다. 자신의 도시락마저 학생들에게 나눠주고 배를 곯는 책임감 넘치고 열성적인 교사들의 헌신도 있었다.

"참으로 어려웠던 시절, 그 날도 선생님은 어김없이 두 개의 도시락을 가져오셨습니다. 여느 때는 그 중 한 개를 선생님이 드시고 나머지를 우리에게 내놓곤 하셨는데 그 날은 두 개의 도시락 모두를 우리에게 주시고는 '오늘은 속이 불편하구나' 하시며 어린 마음들을 달래시려고…. 그 후 그렇게나 자주 속이 안 좋으셨다는 걸 깨닫게 된 것은 긴 세월이 지난 뒤였습니다…."

1995년에 광고상을 받았던 쌍용그룹의 TV광고 내용이다. 그 내용을 들여다보면 곡기를 제대로 잇지 못했던 1950~1960년대에 어린 제자들에게 쏟았던 교사들의 사랑과 희생이 감동적으로 되살아난다. 실제로 이런 교사들이 있어 한국의 공교육은 살아 숨쉬었다.

광복 직후, 한국의 문맹률은 78퍼센트나 됐다. 이는 아프리카 짐바브웨의 64퍼센트보다 높은 수준이었다. 당시 한국의 국민소득은 50달러가 될까 말까할 정도로 측정할 자료조차 없었다. 최빈곤국에 최대 문맹률, 거지는 넘쳐나고 평균수명은 50세도 안 되는 나라, 볼펜 한 자루도 못 만드는 나라에 무슨 희망이 있었을까.

그러나 그 와중에도 의무교육은 시작되었다. 이승만 초대 대통령은 '자본도 기술도 부존자원도 풍부하지 않은 한국에서 기대할 수 있는 것은 사람뿐' 이라며 선진국의 의무교육 제도를 서둘러 도입했다. 1949년에 의무교육 방침이 정해졌고 1955년부터 단계적 조치를 거쳐 1959년에 초등학교 전 학년 의무교육이 실시됐다.

물론 그 당시 의무교육의 질은 형편없었다. 서울의 경우, 보통 한 반에 90~100명의 학생이 배우는 '콩나물 교실'이었다. 그나마 교실도 없어 2부제, 3부제 수업이 보통이었다. 전교생 수가 1만 명이 넘어 '세계에서 가장 학생 수가 많은 초등학교'로 기네스북에 오른 학교도 있었다. 지독한 가난 때문에 점심을 못 싸오는 학생들이 30~70퍼센트나 됐다. 그래도 의무교육은 계속 되었다.

막무가내식 의무교육의 성과는 1960년대 경제발전과 어우러져 급진전했다. 첫째, 문맹이 퇴치됐다. 한국의 문맹률은 현재 0퍼센트에 근접할 정도로 세계 최고 수준이다. 둘째, 교육 인력이 육성돼 고스란히 한국 산업화에 투입됐다. 그들은 한강의 기적을 일으킨 일꾼이 됐다. 셋째, 민주화 운동 세력의 중추가 되었다. 『한국 전쟁의 기원』을 썼던 미국 정치학자 브루스 커밍스(Bruce Comings)가 저서 『브루스 커밍스의 한국 현대사』에서 분석한 내용이 새롭다.

반쪽의 나라로 동강나고 자연자원이 거의 없으며, 주민들은 삶의 뿌리를 완전히 잃고 모진 고생을 겪고, 국내 자본이라 할 만한 것도 전혀 없으며, 국내 시장은 손바닥만 하고 노동인구라곤 게으른 촌놈들(일본인이 흔히 되뇌는 말)밖에 없다고 오랫동안 치부되어 왔던 남한. 그런 남한에서 '한강의 기적'이 일어났다. 1950년대 이후 의무교육을 받고 나온 한국의 폭넓은 노동인구는 다른 많은 나라의 국민들보다 산업화 과업을 수행하는 데 훨씬 적합했다. (…)

대학과 고등학교 등록률이 1948~1960년 사이에 거의 4배로 늘어났으니, 한국의 대학진학률이 영국보다 훨씬 높았다. (…) 한국 학생은 고등학교 때 열심히 공부해 졸업할 때쯤이면 미국 대학 3학년생 수준의 실력을 갖추었다. 1960년과 그 후의 서울에서처럼 이런 모든 면들이 결합될 때에는, 정말 일촉즉발의 상황이 마련되는 셈이다.

—브루스 커밍스, 『브루스 커밍스의 한국 현대사』

넷째, 그동안 한국 사회를 짓누르던 서열·신분 사회가 어느 정도 무너져 내리기 시작했다. 양반가문이나 문벌 대신 새로운 권위인 학벌이 등장했다. 명문학교를 나오거나 국가고시에 합격하면 합법적인 신분상승이 가능했다. 또한 공부 못한 양반집 아들보다 일류대 나온 가난한 집 수재가 사윗감으로 더 인기가 있었다.

한국의 교육열은 이처럼 많은 순기능을 했지만, 역기능도 적지 않았다.

첫째, 일류병이 생겨났다. 너도나도 일류학교를 보내려 하니 경쟁은 치열해져 갔고 사교육이 기승을 부리기 시작했다. 중·고교의 평준화가 이루어지지 않았던 1950~1960년대 시절 초등학생들은 명문 중학교에 들어가려고 어린 나이에 '입시지옥'을 치러야 했다.

둘째, 학벌지상주의가 생겼다. 대학졸업장의 위력은 취직, 결혼 등 일생을 따라다녔다. 명문대와 비명문대 간의 사회적 지위나 인식, 대접은 확연히 차이가 났다. 예컨대 정부 각료나 대기업 CEO의 절반 이상은 서울대학 출신으로 비명문대학이나 지방대학 출신은 거의 눈에 띄지 않았다.

셋째, 인성교육이 부족했다. 워낙 국가 살림이 빈한한 시절이라 공교육은 기초 교과과정을 가르치는 데만 정신을 쏟았지, 심신을 순화하고 사회 공동체의식 함양 및 문화와 예술을 접하는 인성교육에는 소홀했다.

넷째, 공교육에 관련된 재정의 상당 부분을 사학재단이 담당하고 있던 터라 사학들의 비리에 대해 정부가 강경하게 나서지 못했다. 그 결과, 사학재단의 비리가 성행하고 신성한 교육현장을 훼손하는 일이 벌어졌다.

1968년에 도입된 평준화 정책은 지금까지 한국 교육정책의 근간이 되고 있다. 평준화 정책은 여러 가지 순기능을 발휘했다. 무엇보다 어린 학생들이 '입시지옥'에서 벗어나 적어도 고등학교까지는 학생들끼리 어떤 특권이나 차별의식을 느끼지 않고 평등하게 다닐 수 있게 됐다. 그러나 결국에는 모두들 대학입시에 매달릴 수밖에 없는 상황은 여전했다.

1987년 민주화 이후 정권들은 한국의 교육상황을 개선하기 위해 나름대로 여러 가지 정책을 썼지만 결과는 신통치 않았다. 도리어 공교육은 위축되고, 사교육만 늘어나는 기현상이 벌어졌다. 여기에 건전한 학교 발전을 위한 각종 방안들이 규제일변도식 정부 정책에 의해 브레이크가 걸렸다. 그런 탓에 사회는 발전하는데 학교는 제자리걸음이었다.

교육정책의 가장 큰 문제점은 한국의 첨예한 교육상황을 거시적 안목으로 보고 대처하는 것이 아니라 정권의 시각, 당파적 논리, 장관의 개성 등 근시안적 안목으로 규제일변도의 단기 대증요법으로 일관해왔다는 데 있다. 진단부터가 잘못되었다. 지난 수십 년간 순기능을 발휘했던 공교육시스템을 오로지 개혁과 청산의 대상으로만 보았으니 처방이 제대로 나올 리 없었다. 보다 정확한 것은 한국 교육시스템의 70~80퍼센트는 순기능, 20~30퍼센트는 역기능을 했다는 관점에서 바라봐야 한다.

세계에서 가장 바람직한 발전 모델, 한국

한국이 21세기를 리드하는 국가로 발전하려면 무엇보다 교육개혁이 시급하다. 그렇다고 그것을 집권자의 단기적인 목표나 '…해야 한다'는 식의 당위론에서 출발하면 안 된다. 어디까지나 백년대계를 위한 장기적 계획과 실사구시(實事求是) 정신에 의거해야 한다.

향후 교육개혁의 목표는 크게 세 가지다.

첫째, 교육의 질을 세계적 수준으로 높여야 한다. 즉, 교육의 국제경쟁력을 끌어올려야 한다. 이를 위해서는 다른 분야와 마찬가지로 자율화와 개방화가 필수 전제조건이다. 교육현장에서 끊임없이 창의력을 발휘하고 교육혁신이 일어날 수 있도록 '자유경쟁체제'를 만들고 정부의 각종 교육규제와 관치교육의 관행은 폐지되어야 한다.

둘째, 교육안전망(educational safety net)을 만들어야 한다. 교육이 부와 사회적 지위의 세습화 혹은 소득분배 악화에 기여하게 해서는 안 된다. 이를 위해 살림살이가 넉넉한 중·고소득층의 교육은 원칙적으로 민간자율, 즉 시장에 맡기고 정부는 저소득층의 교육수준 향상에 집중해야 한다. 지금까지 공·사립에 분산 지원하던 교육재원을 점차 공립에 집중함으로써 저소득층에게 보다 혜택이 돌아가도록 해야 한다.

셋째, 공동체적 가치 실현을 위한 교육이어야 한다. 과거 후진국 시절에 할 수 없었던 인성·교양·민주시민·세계시민 교육 등이 이루어져야 21세기 선진시민, 선진사회를 만들 수 있다. 이는 민간 자유경쟁에 맡길 수 없다. 정부가 주도해 적극 지원해야 한다.

현재 미국 내 외국 유학생은 전 세계에서 한국이 인도, 중국 다음으로 3위다.

이는 한국인의 높은 교육열과 경제발전 그리고 미흡한 국내 교육여건이 합쳐지면서 생긴 현상이다. 미국 내 외국학자 수는 중국 다음으로 세계 2위다. 중국과 인도가 각각 13억, 10억의 인구대국이란 점을 감안해 인구대비로 따지면 단연 한국이 1위다.

미국에서 1999년부터 5년간 박사학위를 받은 외국인들의 출신대학을 보면 서울대학교가 1위(1천655명), 연세대학교가 5위(720명), 고려대학교가 8위(445명)다. 서울대학교가 세계에서 미국 박사를 가장 많이 배출한 외국(非미국) 대학인 셈이다.

이처럼 선진국에 나가 경쟁하고 문물을 익히는 것은 아주 긍정

미국 내 외국학자 현황(2002년)

순위	국가	외국학자 수
1위	중국	15,624명
2위	한국	7,143명
3위	인도	6,249명
4위	일본	5,736명
5위	독일	5,028명

- 자료: 무역협회

적인 현상이다. 그러나 한국 내에 선진국 못지않은 교육시스템과 인력을 갖춘다면 굳이 해외로 나가 외화를 낭비하며 공부할 필요가 있겠는가. 도리어 외국의 뛰어난 인재들을 한국으로 불러들여 공부시킬 수 있을 것이다. 이제 우리는 교육의 선진화를 정말로 깊이 있게 생각해보아야 한다. 단순히 입시지옥이나 사교육시장에 초점을 맞추지 말고, 21세기를 한국이 리드하겠다는 관점에서 봐야 한다.

한국이 지금껏 커온 것도 교육의 덕이요, 앞으로 더 크는 것도 교육에 달려 있다. 미국 하버드대학의 새뮤얼 헌팅턴(Samuel Huntington) 교수는 '한강의 기적' 의 원인을 '문화' 에서 찾고 있다. 한국에는 경제성장에 도움이 되는 '발전 지향적' 문화가 있다는 것이다. 그가 '발전 지향적 문화' 라고 부른 것에는 '교육' 이 포함된다. 교육은 검약, 근면, 조직, 투자, 기강, 극기 정신과 함께 한국인이 중요하게 생각하는 문화적 가치라고 헌팅턴은 기술했다.

이라크전쟁이 한창이던 2003년, 세계적인 석학 노엄 촘스키(Avram Noam Chomsky) 교수가 MIT대학 슬론스쿨에서 MBA 과정 학생들과 대화를 나눴다. 저명한 언어학자이자 정치활동가인 그는 미국 정치, 외교에 대한 독설로 유명하다. 그때, 그는 세계가 제3세계 사람들을 수탈하는 야만의 길로 향해 가고 있다고 우려를 표했다. 그 자리에서 한 미국 학생이 다음과 같이 질문했다.

"교수님, 현실 세계에서 가장 바람직한 발전 모델이라고 생각하는 나라가 어디입니까?"

촘스키 교수는 주저하지 않고 대답했다.

"한국(South Korea)입니다. 한국인은 제국주의 식민지배를 딛고 일어나, 다른 나라에 종속되지 않고 독자적으로 경제발전을 이룬 동시에 독재정권에 항거해 평화적인 방법으로 민주주의를 이룩했습니다. 세계 최고의 휴대전화와 인터넷 보급률을 자랑할 정도로 첨단기술이 온 국민에게 골고루 퍼졌고, 2002년에는 네티즌의 힘으로 개혁적 정치인을 대통령으로 선출할 만큼 풀뿌리 민주주의가 발전했습니다."

한국은 서양 지식문명의 스승이었다

20세기가 저물어가던 1997년 10월, 미국 『라이프』지는 '지난 천 년간 최대 사건'으로 '금속활자 발명'을 선정했다. 귀족과 성직자의 점유물이었던 '성경'을 금속활자 인쇄로 대량 생산해 일반에 보급하게 된 여파로 르네상스와 16세기 종교개혁, 18세기 산업혁명 등이 일어나게 됐다는 것이다.

지난 천 년 인류문화사에서 으뜸으로 꼽히는 금속활자의 의미는 성경의 보급과 함께 지식정보의 새로운 패러다임을 구축했다는 사실에서 찾을 수 있다. 당시 정보는 구전(口傳)이나 필사본에 한정돼 있었다. 그러나 활자기술의 발달은 지식정보의 독점을 해체하고 소통의 민주화를 이룩하는 상징이자 신호탄이 됐다.

그렇다면 금속활자를 발명한 이는 누구인가? 『라이프』지는

15세기 중반, 이른바 '구텐베르크 성경'을 출판한 독일의 금속 세공사 요한 구텐베르크(Johannes Gutenberg, 1397~1468)를 지목했다. 이는 그때까지의 서구 학설에 따른 것이다. 그러나 한국인은 세계 최초의 금속활자 발명이 고려시대 때 고려인에 의해 이뤄졌다고 배웠다. 즉, 한국인이 금속활자 발명의 주인공이라는 얘기다. 과연 누구의 말이 맞는 것일까?

세계가 인정한 인쇄혁명을 디지털혁명으로 잇는다

사실, 한국은 신라시대 이후 조선시대까지 세계적인 '인쇄 강국'이었다. 논란이 되고 있는 금속활자 인쇄만 해도 그 최초 기록은 고려 고종 21년인 1234년에 나온다. 당시 고려는 『상정고금예문(詳定古今禮文)』이라는 책을 금속주조기술에 기초해 찍어냈다고 기록하고 있다. 시점으로 따지면 구텐베르크의 발명(1455년)보다 무려 221년이나 앞선다. 이밖에도 고려가 금속활자를 사용했다는 기록은 여러 군데 남아 있다.

그러나 서구인은 아시아의 작은 나라가 금속활자를 세계 최초로 발명했다는 사실을 쉽게 인정하려 하지 않았다. 금속활자를 사용했다는 '기록'만 있지, 금속활자를 이용해 찍은 '인쇄물(증거)'이 없지 않느냐는 것이다.

그런데 1972년 의외의 곳에서 그 증거를 찾게 됐다. 프랑스 파리 국립도서관에서 『직지심체요절(直指心體要節)』을 발견한 것이다. 1377년에 간행된 이 책은 우리의 최초 금속활자 '상정' 보다 143년 뒤의 것이지만, 구텐베르크의 '세계 최초 금속활자 인쇄 성서' 보다 78년 앞선 것이다.

일명 『직지심경』으로도 불리는 이 책(흥덕사본)은 20세기 초 서울 주재 프랑스 공사를 지냈던 꼴랭 드 쁠랑시(Collin de Plancy)가 수집한 것으로 그가 프랑스로 건너와 1950년경 도서관에 기증한 것이다. 이후, 1972년 유네스코(UNESCO)가 지정한 '세계 책의 해' 를 맞아 이 도서관에서 개최한 책 전시회 때 처음으로 유럽 사람들에게 소개됐다. 구텐베르크가 세상에서 최초로 금속활자를 만든 줄로만 알고 있던 유럽 사람들은 깜짝 놀랐다.

이들은 처음에는 인정하지 않았다. 설왕설래와 오랜 논쟁을 거쳤다. 그러다가 2001년 9월, 결국 한국의 손을 들어주었다. 유네스코는 세계 최초의 금속활자본으로 『직지심체요절』을 인정하고, 288년간의 조선왕조 역사기록인 『승정원일기(承政院日記)』와 함께 세계 기록유산으로 등록했다. 이를 기념하기 위해 우표도 발행했다.

여기서 더 주목해야 할 대목이 있다. 구텐베르크가 발명한 금속활자도 사실은 한국의 기술을 바탕으로 이루어졌다는 주장이다. 즉, '세계 최초' 고려시대 금속활자 기술이 유럽에 전해져 구텐베르크가 금속활자를 발명했고, 성경을 인쇄하게 됐다는 가설이다. 만약 이 주장이 사실이라면, 중세 유럽을 근대로 바꾸는 대변혁의 계기에 코리아의 기술이 관여했다는 말이 된다.

20세기 초, 미국의 저명한 인쇄문화연구가 토마스 카터는 "고려 말과 조선 초기 무렵 한국은 인쇄술에서 세계를 선도하고 금속활자의 사용을 고도로 발전시켜 중국에 역수출까지 했다"고 지적하면서 활자 인쇄가 고려로부터 유럽에 전해졌을 개연성이 있다고 주장했다.

이 문제를 학술적으로 진지하게 접근한 이가 중동문제 권위자인 사학자 '깐수' 정수일 교수다. 그는 저서『한국 속의 세계』의「활자의 길을 찾아서」편에서 "구텐베르크의 금속활자 인쇄는 '발명'이 아니라 선행 인쇄술에 대한 창조적 '전승'으로 봐야 하며 특히 우리로부터 전승됐을 개연성이 짙게 감지된다"고 주장했다.

중국의 경우 금속활자 인쇄에 성공한 것은 15세기 말엽 명나라 때다. 하지만 정 교수는 우리의 '직지'보다 한 세기나 뒤지며 활자의 주조나 조판기술이 비교할 수 없을 정도로 허술했다고 지적하면서 중국으로부터의 전승 가능성을 배제했다.

고려인이 200여 년(13세기 초~1434년의 '갑인자')이나 걸려 완성한 금속활자 인쇄를 구텐베르크는 불과 10년 동안(1440~1450)에 이뤄냈다고 한다. (…) 7년에 한 번씩 열리는 성지순례를 위해 기념품이나 만드는 금속세공사로서 활자 제작 경험은 물론, 목판인쇄도 해보지 못한 그가 이렇게 단시일 내에 당시로서는 상당히 높은 기술 수준을 요하는 금속활자를 단숨에 만들어낼 수 있었을까 하는 의문의 여지가 크다. 역설적으로 이것은 그가 금속활자 인쇄술을 새로 개발한 것이 아니라, 어디로부턴가 전수받았다는 것을 시사하는 것이다. 그즈음 중국은 진흙활자니 주석활자니 하는 미로 속을 헤매면서 아직은 제대로 된 금속활자를 만들어내지 못하던 형편이었다. 유일한 제작국은 고려였다. 그렇다면 고려로부터 전수된 것은 아니었을까?

아직 연구의 미흡으로 고려가 유일한 금속활자 제작국이라는 사실 말고는 이렇다 할 실증자료를 제시할 수가 없으나 개연성 있는 방증자료 몇 가지는 상정할 수 있다. 고려 말부터 조선 초까지 회회인(回回人·이슬람인)을 비롯한 색목인(色目人·중국 원대에 유럽이나 서아시아, 중앙아시아에서 온 외국인)들이 고려와 조선에 자주 내왕하고 정착까지 했으며, 고려와 밀접한 관계에 있던 거란(요나라)이 서천하고, 여진이나 중국(명대)은 사신을 중앙아시아의 통일제국 티무르의 수도 사마르칸트까지 파견했다.

일찍이 7세기 중엽에 고구려 사신이 찾아간 사마르칸트는 동서방 물산의 집산지로서 러시아를 비롯한 유럽 상인이 이곳에서 동방 물품들을 구입했다. 그것은 독일 라인강을 통해 구텐베르크가 처음 인쇄술에 도전한 스트라스부르크나 첫 인쇄물을 간행한 마인츠

같은 연안 도시로 운반해갔다. 고려 금속활자가 전성기를 맞은 14
세기 말부터 15세기 전반까지 기간에 전개된 이러한 여러 계기를
통해 이 새로운 인쇄술이 직·간접으로 독일에 알려졌을 수도 있
을 것이다. (…) 이 개연성 높은 과정을 '활자의 길'이라 명명한다.
이 길이야말로 고려 금속활자 인쇄술이 서구에 전해지는 문명교류
의 한 통로였을 것이다.

—정수일, 『한국 속의 세계』 하편

빌 클린턴 미 대통령 시절 부통령을 지냈던 앨 고어(Al Gore)는
아예 "독일의 구텐베르크가 만든 금속인쇄술은 사실 한국에서
건너온 기술에서 비롯된 것"이라고 규정했다. 2005년 5월, 그가
'서울디지털포럼 2005'에 참석하여 축하연설을 할 때의 얘기다.
"한국은 커뮤니케이션 부문의 디지털혁명을 통해 800년 전 금
속인쇄술에 이어 두 번째로 획기적이고 혁신적인 기술 발전에
기여하고 있다. 바꿔 말한다면 전 세계가 한국으로부터 두 번째
로 큰 혜택을 입게 되었다는 것을 의미한다. 구텐베르크의 인쇄
술은 당시 교황 사절단이 한국을 방문한 이후 얻어온 기술이다.
구텐베르크가 인쇄술을 발명할 당시, 자신의 친구인 교황의 사
절단과 이야기를 나눴는데, 그가 바로 한국을 방문하여 여러 가
지 인쇄술 기록을 가져온 이였다. 나는 이런 사실을 스위스의 인
쇄박물관에서 알게 됐다."

영국 셰필드대학에서 국제정치학을 가르치고 있는 존 M. 홉슨 (John M. Hobson)도 구텐베르크의 인쇄술은 한국으로부터 영향을 받았다는 데 동의한다. 그는 2004년 『서구 문명은 동양에서 시작되었다』는 저서를 통해 서기 500~1800년 사이에는 서양보다 동양이 더 발전했으며, 서양은 동양으로부터 얻은 많은 발명과 자원을 토대로 지금의 발전을 이룩했다고 기술했다.

요즘 책들은 컴퓨터로 인쇄하지만 얼마 전까지만 해도 인쇄기로 만들었다. 많은 사람이 동의하듯 유럽에서 인쇄기의 출현은 여러 면에서 문명의 발전을 이끄는 데 중요한 역할을 했다. 물론 서양 사람들은 독일의 발명가 구텐베르크가 문명에 혁신을 가져온 인쇄기를 최초로 세상에 소개했다고 말할 것이다. 하지만 그림자 뒤의 숨은 진실은 이동형 인쇄기에 사용하는 최초의 금속활자가 구텐베르크의 것보다 적어도 50년은 먼저 한국에서 발명되었다는 점이다. 아울러 구텐베르크가 중국뿐 아니라 한국으로부터 '자신의' 아이디어를 얻었다는 것을 암시하는 적절한 정황적 증거도 있다. 요컨대 한국의 존재는 오늘날 서양에 질 좋은 자동차를 공급하고 있기 때문이 아니라, 지난 천 년 동안 서양의 발흥에 기여했기 때문에 중요하다고 말할 수 있다.

—존 M. 홉슨, 『서구 문명은 동양에서 시작되었다』 한국어판 서문

　우리 조상이 인류사에 길이 남을 위대한 발명을 했다는 사실은 오늘을 사는 우리에게 자긍심과 자신감을 심어준다. 그런데 이야기는 여기서 그치지 않는다. 인쇄술 발명의 전 단계, 즉 제지술 역시 한국인에 의해 서구로 전파되었던 것이다.

　혹시 고선지 장군을 기억하는가? 그는 7세기에 고구려가 패망하자 당나라로 가 20세의 나이에 당나라 기동타격대 지휘관(유격장군)에 임명된 뒤 혁혁한 군공을 세운 인물이다. 국내 고선지학의 대가인 연세대학교 사학과 지배선 교수는 『고선지 평전』에서 이렇게 쓰고 있다.

　서기 751년, 동진하던 이슬람 군대와 고선지 군은 중앙아시아와 실크로드의 패권을 두고 오늘날 카자흐스탄공화국 탈라스 평원에서 맞붙었다. 세계 전쟁사에 중앙아시아의 운명을 결정한 대전투로 기록된 탈라스 전투! 5일간의 전투, 그러나 고선지는 케르룩의 반란으로 처음이자 마지막으로 쓰라린 패배를 당했다. 오늘날 중앙아시아와 타림분지 서쪽이 이슬람화되었던 것은 이때 고선지 군대의 패배로 인한 것이다. 고선지 이후 지금까지 중국은 중앙아시아 지역으로 한 번도 진출하지 못했다.

　그러나 탈라스 전투의 여파는 예상치 않은 곳에서 크게 일어나게 된다. 이때 중국 제지술이 최초로 서방으로 전해졌다. 고선지의 부하 중 종이 만드는 기술자가 이슬람 군사에게 잡혔고, 실크로드의 도시 사마르칸트에 이 포로들이 전수한 기술을 바탕으로 제지 공장이 세워졌다. 압바스 왕조의 중심지, 사마르칸트에서 바그다드로 제지물은 또다시 전파되고 유럽으로 이슬람의 제지술은 전파되는 계기가 되었다.

결국, 프랑스와 영국까지 제지술이 전파된 것은 대략 1300년경이다. 그리하여 지식이 대중적으로 보급되어 르네상스의 밑거름이 된다. 유럽이 중세 암흑기를 벗어나 문예부흥기로 접어든 르네상스가 1300년대 후반이라고 기록하고 있다. 이렇듯 탈라스전투에서 고선지 장군의 패배는 이슬람과 서양의 학문이 부흥되고 오늘날의 종이문명이 있게 한 문명사의 대전환이었다. 세계 문명사를 뒤흔든 종이 전파의 시작은 고선지의 탈라스 전투였다.

—지배선, 『고선지 평전』

지배선 교수가 제지술의 연결통로라고 한 실크로드의 중심도시 사마르칸트는 깐수 정수일 교수가 유럽 인쇄문명의 통로라고 본 티무르 제국의 수도 사마르칸트와 동일한 곳이다. 고구려 사신까지 찾아갔다는 사마르칸트가 동·서방 물산의 집산지요, 연결고리 역할을 한 것이다.

아직 의미심장한 얘기는 더 남아 있다. 전 세계적으로 '종이' 하면 예로부터 '메이드 인 코리아'가 최고였다는 사실이다. 종이의 발명 자체는 공식적으로 중국 후한시대인 서기 105년 환관 채륜에 의해 이뤄졌다. 그러나 제지술은 우리의 조상들이 갈고 닦아 세계 최고 수준으로 향상시킨 것이다.

예를 들어 구텐베르크의 '성경'은 발간된 지 550년밖에 되지 않았음에도 불구하고 지질 보관에 문제가 있어 열람조차 불가능한 암실에 보관돼 있다. 반면, 전통 한국 종이인 한지(韓紙)는 천 년 세월을 견뎌내는 것은 물론 삭지도 썩지도 않는다. 서울 인사동의 고서방을 가보라. 천 년이 넘어도 깨끗하게 잘 보존된 것이 아주 많다. 그것은 분명 한지의 질이 우수해서다.

이종호 전 이동에너지기술연구소장에 따르면 한지는 예로부터 명성이 자자했다고 한다. 송나라 손목(孫穆)이 지은 『계림지(鷄林志)』를 보면 "고려의 닥종이는 윤이 나고 흰 빛이 아름다워 백추지라고 부른다"고 기록돼 있다. 『고반여사(考槃餘事)』에는 "고려 종이는 누에고치 솜으로 만들어져 종이 색깔은 비단같이 희고 질기기도 비단 같은데 글자를 쓰면 먹물을 잘 빨아들여 종이에 대한 애착심이 솟구친다. 이런 종이는 중국에는 없는 우수한 것이다"라고 기록돼 있다.

고려시대의 종이는 그 명성이 자자해 중국과의 외교에 한지가 필수품으로 여겨졌고, 중국 역대 제왕의 진적(眞蹟)을 기록하는 데도 고려 종이만 사용했다고 한다. 한지의 질이 명주처럼 정밀해서 중국인이 비단 섬유로 만든 것으로 착각했다는 기록도 있다. 세계를 제패한 몽골은 전 세계에서 물자를 조달해 사용했는데, 종이는 당시 세계 최고의 제지국이었던 고려에서 조달했다고 한다.

『동국여지승람(東國興地勝覽)』에 따르면 조선 태종 15년(1415년), 서울에 제지공장이라고 볼 수 있는 조지소(造紙所)가 설치되는 등 전국에 조지소가 있었고 거의 천 명에 가까운 인력이 관여했다고 한다. 15세기 초에 이 정도 규모의 공장을 운영했다는 사실은 조선이 당시 세계적인 종이 생산국이었음을 의미한다.

한지의 강한 특성은 화살도 한지를 몇 겹으로 바른 갑옷을 뚫지 못했다는 데서 알 수 있다. 또한 한지의 우수성은 창문용으로 사용되는 창호지의 보온성능에서 잘 나타난다. 한옥에 사용되는 이중 창호지 문의 경우, 그 보온효과가 현대식 이중 창문(페어 글라스)보다 높다고 한다.

이종호 박사(건물에너지공학)는 "외국에서는 천 년 동안 썩지 않는 한지를 최고의 종이로 인정하는 반면, 우리는 이를 천시하고 질 나쁜 외국의 펄프 종이가 좋다고 잘못 생각하고 있다"고 지적했다.

이제 종합해보자.

제지술과 인쇄술은 현대의 컴퓨터 발명보다 세계사에 훨씬 더 많은 영향을 끼친 인류의 기술이다. 삼국시대 이래, 한국의 제지술과 종이는 세계 최고 수준이었다.

이처럼 '개화된' 동양의 제지술을 8세기에 고구려 유민 고선지가 '미개한' 서양에 전파했다. 그리고 13세기 무렵 고려는 세계 최초로 금속활자 인쇄술을 발명했고, 이 기술은 15세기 유럽에 전해져 '구텐베르크 성경'을 낳는 데 크게 기여했다.

이런 역사를 음미하는 순간, 가슴이 벅차오르지 않는가. 우리 조상의 위대한 능력과 업적에서 나오는 공명(共鳴)이 시공을 초월해 현대에 사는 한국인의 가슴을 뚫고 분수처럼 쏟아져 들어온다. 인류 문명사의 결정적인 순간에 한국인의 머리와 손발, 입김이 관여했다는 사실은 얼마나 가슴 뿌듯한 일인가.

과거 세계사에서 한국은 조연이 아니라 주연이었다. 당시 한국 문화와 문명은 변방이 아니라 세계적 수준이었다. 사실, 예나 지금이나 한국인이 비록 총칼에서는 강하지 않지만 문화, 지식, 학문, 기술에서는 깊은 관심과 조예가 있는 문화민족이 아니던가.

21세기는 소프트파워 시대다. 지금 한국인이 선두를 달리고 있는 IT에 우리가 물려받은, 아니 지니고 있는 문화를 접목해보자. 우리는 종이, 인쇄, IT로 이어지는 세계 문명사에 있어 선도적인 역할을 하는 민족이다. 오늘날의 한국인은 IT문명을 발전시켜야 할 세계사적 책무를 띠고 이 땅에 태어났다. 과거 우리 조상들의 땀과 기술이 인류문명을 한 걸음 전진시키는 데 기여했던 것과 마찬가지로.

한반도, 열강의 틈바구니인가? 아시아의 중심인가?

1945년, 국토가 동강나자 한국은 한반도 남쪽에 섬처럼 갇혀 버렸다. 38선에 가로막혀 대륙으로 나가는 길이 끊기자, 사실상 고립됐다. 외부 세계와의 파이프라인은 군인을 주둔시킨 미국과 60만 재일동포가 사는 일본이 고작이었다.

이런 상황에서 '한강의 기적'은 발상의 전환으로부터 시작되었다. 과거 조선은 좁은 한반도 안에 웅크리는 쇄국정책을 썼지만, 박정희 정권은 과감한 세계화정책으로 방향을 틀어버린 것이다. 그것도 조상들이 그토록 꺼리던, 왜구가 득실대는 바다를 통해서 말이다.

1962년 2월 3일, 울산 바닷가에서 울산공업단지 기공식이 열렸다. 군사쿠데타가 일어난 지 불과 9개월 만에 첫 삽을 뜬 이 공업단지는 박정희의 야심 찬 제1차 경제개발 5개년 계획의 첫 작품이자, 바다를 통해 세계로 나가는 '해양화' 전략의 상징이었다. 이후, 울산을 통해 산업용 원료와 기술, 서구식 문물이 들어왔다. 그리고 이를 생산과 연결하기 위해 바닷가에 제철소와 석유화학 공장, 자동차공장이 들어섰다. 이렇게 만들어진 수출품을 바다로 실어내고자 조선소가 지어졌다. 원양 선원과 상선 선원들이 속속 해외로 진출해 바다를 누볐고 조선업, 원양어업, 해운산업은 점점 우리 영역을 넓혀갔다.

그렇게 40여 년의 세월이 흐르면서 한국은 세계 10대 수출국과 해양 강국으로 부상했다. 조선업은 명실상부한 세계 1위다. 일찍이 세계적으로 부강한 나라는 모두 조선 강국이었다.

2005년 전 세계 수주량, 수주잔량, 건조량 부문 모두 한국이 1등을 했다. 왕년의 1등 일본은 뒤로 처졌다. 세계 조선소 순위에서도 1등부터 5등까지 한국 조선소가 독식했다.

해운업의 경우 세계 7위권이지만, 동북아시아 물류중심 국가 건설 추진과 맞물려 세계 5위 해운 강국으로의 진입을 목전에 두고 있다. 2004년 한국 수출액 상위 5개가 반도체(250억 달러), 자동차(230억 달러), 휴대폰(220억 달러), 해운업(210억 달러), 조선(190억 달러) 순이다. 이 중 조선·해운업이 400억 달러나 되고 한국 수출입 물량의 99.8퍼센트가 해운으로 운송된다. 한국인을 먹여 살리는 쌀밥과 같은 존재인 셈이다.

예부터 바다를 제패하는 자가 세상을 지배한다고 했다. 21세기는 해양의 시대인데 한국은 이미 앞서가는 토끼군에 속한다. 미국의 『타임』지는 2005년 12월 특집기사를 통해 울산을 '아시아 경제 기적의 심장부' 라는 찬사를 퍼부었다.

"현대가 최초로 이곳에서 유조선을 건조한 이래 울산은 반세기만에 빈곤을 이겨낸 아시아 경제 기적의 심장부가 됐다. 울산은 아시아가 추구한 더 나은 삶을 담금질한 한국 경제의 개척도시다. 1960년대 연간 150달러의 국민 개인 소득에서 지금은 1만 4천 100달러에 이른 한국 경제 기적의 중심에는 울산이 있었다. 다른 유명도시처럼 화려한 궁전이나 야자수 해변도 없지만 조선소와 자동차공장 등이 울산을 유명하게 했다. 울산은 여전히 활력이 넘친다."

천혜의 호조건을 지닌 한반도

기존의 잘못된 통념을 깨자! 한국인은 흔히 외침(外侵)이 많았던 한민족 수난사를 '강대국에 둘러싸인 지정학적 위치 탓' 으로 돌린다. 동북아시아 끄트머리 반도 땅에 옹색하게 자리잡았고, 그 주위를 사나운 열강들이 포위하고 있는 바람에 늘 당해왔다는 식이다. 이런 주장에는 한국인의 피해의식과 일제 식민사관의 독성이 배어 있다. 이는 곧 '지정학적 위치가 그러니 어쩔 수 없다'는 비관론, 나아가 '한국 것은 죄다 그 모양이야' 라는 패배적 사고로 이어진다. 당대의 민족주의자 함석헌 선생도 그 영향에서 완전히 벗어나지는 못했던 모양이다.

우리나라 지리를 씹어보면 그 조건 조건에 고난의 글자가 박혀 있다. 우선 위치를 보면 중간적 위치에 있다. 늘 남의 쳐들어옴을 입어서 독립을 지켜나가기 어려운 것이다. 지세도 마찬가지다. 반도의 지세를 보면 큰 민족을 길러낼 수가 없다. 기후는 어떤가. 대체로 매우 온화하며 특징 없는 기후다. (…) 차라리 기후가 덥든지 차든지 극단적으로 되었더라면 좋았을 걸 하는 생각이 있다. 한국인이 본래 부드러운 성질인 데다 특징 없고 찌르르한 맛 없는 데 사니 그만 뜻미지근한 성격이 되고 말았다. (…) 우리나라처럼 아름다운 경치가 세계에 어디 있는가? 금수강산(錦繡江山)이 아닌가? 그러나 금수강산을 금수강산(禽獸江山)으로 만든 것은 웬일인가? 그 놀라운 자연을 두고도 이태백 하나 못 내고 워즈워드 하나 못 냈으니 금수(禽獸)강산이 아닌가?
─함석헌, 『뜻으로 본 한국 역사』

세계를 선도해 보겠다는 야심을 가진 한국인이라면 이런 패배주의적 사고에서 벗어나야 한다. 우선 '강대국에 둘러싸인 지정학적 위치'라는 말부터 살펴보자. 강대국이 원래부터 존재했었나? 조그만 섬나라 일본이 언제부터 강대국이었나? 우리와 국경을 맞대고 있는 연해주와 시베리아가 언제부터 러시아 땅이 됐는가? 그 러시아인도 과거 수백 년간 몽골족의 지배를 받았던 민족이다.

결국, 전통적 의미에서 한국 주변의 강대국이래야 중국뿐이다. 그 중국도 우리가 만주 땅을 차지하고 있던 고구려 시절에는 자웅을 겨루던 라이벌이었다. 수나라, 당나라와 싸우던 고구려가 힘이 좀더 강했더라면, 더 영토확장에 탐욕적이었다면 승리의 여세를 몰아 중원 땅을 건너 중국을 정벌했을지도 모른다. 그렇다면 지금 중국의 역사는 한국의 역사로 바뀌었을 것이다. 왜 우리 스스로 '반도의 조그만 나라', '강대국에 늘 당하는 민족'으로 한정시켜 놓고 비하하는가.

한국의 '중간적 위치'는 또 어떠한가? 한반도는 중국이라는 대륙문명과 일본이라는 해양문명의 접점지대로 더 다양하고 융성하게 발전할 수 있는 위치에 놓여 있다. 대륙과 해양세력의 교량역할 뿐 아니라 대륙과 해양을 한꺼번에 포용할 수 있는 지역, 다양성의 조화를 이룰 수 있는, 즉 대국(大國)적 잠재가능성이 매우 큰 곳이다. 2000년 전, 세계의 제국을 건설한 이탈리아반도 로마제국이 그렇지 아니했던가.

기후야말로 더 이상 논란의 여지가 없는 특혜가 아니던가. 강대국이나 선진국은 거의 사계절이 있는 온대지역에 위치해 있다. 너무 덥거나 추운 곳에서는 역동적인 움직임이나 근면·창의적 정신이 나오기 어렵다. 한국처럼 사계절이 뚜렷한 기후는 인간의 육체적, 정신적 자질을 강화시켜준다. 금수강산 한국의 경치 좋은 것이 왜 문제가 되나? 그런 좋은 풍광 속에 살기 때문에 한국인은 아름다움을 추구하는 기질이 있으며, 한국인의 피에는 예술적 자질과 흥(興)이 넘친다. 결국 이런 것이 합쳐져 오늘날 한류를 탄생케 했다.

우리나라는 지리적으로 대륙을 끼고 바다를 개척할 수 있는 천혜의 호조건을 지니고 있다. 이탈리아, 그리스 반도의 민족사를 미뤄 봐도 알 수 있듯, 대체로 반도민족은 해양으로의 진출이 활발했다. 문제는 그런 호조건을 이용하기는커녕, 피해의식과 패배의식에 사로잡혀 스스로 한반도 내로 웅크리고 말았던 쇄국주의에 있다.

세계지도를 거꾸로 보면 우리에겐 거칠 것이 없다

한국인의 원류인 북방 몽골계는 지금의 바이칼 호가 그 시원(始原)으로 주로 시베리아, 몽골, 투르크, 만주 지역에서 활동했다. 이들에게는 두 가지 뚜렷한 특징이 있다. 하나는 극지(極地) 한랭지역에서 적응할 수 있는 강인한 체력이고, 다른 하나는 중앙아시아 및 만주지역을 누빈 기마 유목민족으로서의 스피드와 유랑기질이다. 이를 우리는 대륙적인 기질, 대륙성이라고 정의할 수 있다.

역사적으로 한(韓)민족은 중국 한(漢)족의 중원 농경문화와 맞서, 만주대륙을 중심으로 동이(東夷)문화권을 형성해오면서 강한 대륙적 특성을 보여 왔다. 이에 따라 고조선, 부여, 고구려, 발해 등이 차례로 만주대륙의 주인이 됐다. 특히 고구려시대, 그중에서도 4~5세기 광개토대왕 시절에 한국은 동북아시아 최강국으로 부상했다. 당시 중국은 '위진남북조' 로 불리는 분열시기로 어느 누구도 감히 고구려를 범하려 들지 못했다. 고구려는 자타가 공인하는 동북아시아의 패자(覇者)요, 중국과 함께 동아시아의 두 거두(巨頭)였다.

한국인의 웅혼한 대륙적인 기질은 이때 절정을 이룬다. 요동지방을 포함한 만주의 대부분이 고구려 땅이었다. 비단 물리적인 영토확장이 전부는 아니었다. 당시 고구려인은 중국인의 중화사상에 맞서, '고구려가 세상의 중심' 이라는 정신을 지니고 있었다.

따라서 광개토대왕은 주변국을 정복해 하나의 나라로 통일시키려 하기보다는 고구려의 지배 질서 속에서 함께 사는 세상을 지향했다. 이것이 고구려의 세계관이었다. 이렇듯 중국에 대응하는 동방의 패자라는 인식은 주변국을 정복할 때 중국의 천자처럼 신하국을 만들고 조공지배를 하는 원칙을 만들었다. 이때는 한국인의 대륙성이 최고조에 달하던 시기였다.

백제는 고구려와 마찬가지로 북부여에서 갈라져 나온 대륙성 국가다. 그러나 고대 일본에 문물을 많이 전파하고 '스승' 노릇을 해주어 해양국가로 더 잘 알려져 있다. 백제는 중국과 교류가 많았을 뿐 아니라 필리핀군도와 인도차이나를 거쳐 인도까지 왕래할 정도로 해양 강국이었다.

『미륵불광사사적기(彌勒佛光寺寺蹟記)』에 따르면 백제 성왕 때 승려 겸익(謙益)이 백제에서 해로를 통해 멀리 인도까지 가서 '불경'을 가져왔다고 한다. 당시 백제에서 필리핀군도에 이르는 항로는 '백제—북큐우슈우—오키나와—대만—필리핀군도' 순이었고, 다시 여기서 인도차이나를 거쳐 인도까지 가게 되어 있었다. 백제인의 유전자에 담긴 거친 대륙 정신이 모험심과 활력, 국제성, 뛰어난 항해술과 합쳐져 바다로, 바다로 뻗게 만든 것이다.

백제는 해양 강국일 뿐 아니라 대륙 강국이었다. 백제가 중국 요하 서쪽을 일컫는 요서지역을 일정기간 통치했다는 '요서경략설(遼西經略設)'을 비롯해 최근 국사학계 일부에서는 여러 사료에 근거해 백제를 대륙 강국으로 평가한다.

백제는 해양과 대륙의 광활한 무대에서 역동적으로 활약한 고대 국가였다. 백제는 한반도에만 존재한 반도국가가 아니라 해양과 대륙을 아우른 해양국가이자 대륙국가였다. (…) 백제와 중국 북위

(北魏)의 전쟁은 일회적인 것이 아니라 연속선상에 있었다. (…) 위나라가 488년, 490년 두 차례에 걸쳐 백제를 공격했음을 보여주는 『삼국사기(三國史記)』와 『남제서(南齊書)』의 두 기록은 달리 해석해야 한다. 즉, 기마민족인 위나라가 기병 수십만을 동원해 공격할 수 있는 백제의 강역(疆域)을, 한반도가 아니라 중국 요서지역이나 더 나아가 중국 화북지역으로 해석해야 한다는 말이다.

이 시기 중국은 남조와 북조를 막론하고 수많은 나라가 건국과 소멸을 거듭하던 혼란기였다. 백제는 이런 중국의 정세를 틈타 뛰어난 해양 능력으로 중국대륙에 대거 진출할 수 있었던 것이다. 훗날 고구려의 유민 이정기(李正己)가 한때 산동지역에서 치청번진(淄青藩鎭)을 설치하여 당과 맞섰던 것이나, 뒤를 이어 장보고가 이 지역을 차지하고 해상권을 장악했던 것 등은 백제가 예전에 이 지역에 진출하여 지배했던 것과 무관하지 않다. 즉, 이 지역에는 백제가 요서를 경영할 때 살았던 백제인의 후손이 살고 있었고 이들이 이정기나 장보고가 이 지역에 독자적 세력을 구축하는 데 한 축이 되었을 가능성이 있는 것이다.

—이덕일, 『교양 한국사 1』

한국인의 해양 파워는 통일신라시대 때 절정을 이룬다. 항해술이 워낙 뛰어나 중국 산둥반도와 지금의 서해안, 일본열도와 동해안 간의 항해에 하루가 안 걸렸다. 아침에 출발하면 저녁에

닿았다. 일본의 불승 원인(圓仁)이 쓴 여행기『입당구법 순례행기(入唐求法巡禮行記)』를 읽은 미국의 동양사학자 라이샤워(Reischauer, Edwin Oldfather, 주일대사 역임) 교수는 신라와 일본의 항해술을 이렇게 비교했다.

"838년에 4천의 일본 견당사선(遣唐使船)이 당으로 출발했는데 단 한 척도 돌아오지 못하고 모두 조난당하고 말았다. 그러자 839년에는 안전을 도모하여 신라선 아홉 척으로 귀국했는데 모두 무사히 도착했다."

당시 일본인은 계절풍에 대한 지식이 없었던 듯하다. 반면 신라의 뱃사람들은 계절풍에 관한 지식을 효과적으로 이용하고 있었다. 아홉 척의 배와 60명의 뱃사람을 즉각 동원할 수 있었던 일은 당시 신라의 해운·항해술에 관한 수준을 말해준다.

한국인의 해양 진출 역사를 논할 때, 가장 중요한 인물이 바로 '해상왕' 장보고(張保皐)다. 대륙에 광개토대왕이 있다면 바다에는 장보고가 있다. 그는 지금의 전라남도 완도에 청해진(清海鎭)을 설치하고 황해와 남해, 동지나해를 주름잡았던 바다 개척의 영웅이었다. 동북아시아의 해상 경영권을 한 손에 거머쥐고 한·중·일 삼국의 무역을 주도하면서 한반도를 무역 중심지로 만들려 했던 무역대왕이었다.

처음에는 중국 산동반도의 끄트머리, 적산포의 신라방에 정착해 당나라의 해안지역과 신라 등을 돌아다니며 교역활동을 벌였다. 이후에는 귀국해 완도에 청해진을 세우고 해적을 소탕한 뒤 해상권을 장악하여 무역의 범주를 넓혔다. 멀리 인도와 페르시아 상인과도 직교역을 펼쳤다.

통일신라시대 때, 한국인의 해외활동은 눈부셨다. 중국 곳곳에 신라인이 거류하는 신라방이 있었다. 우리에게 『왕오천축국전(往五天竺國傳)』으로 잘 알려진 신라의 승려 혜초(慧超)는 8세기에 인도 여행을 감행할 정도로 세계인이었다. 그는 중국을 거쳐 해로로 동인도를 지나 캐시미르, 파키스탄, 아프가니스탄의 북부를 여행했고, 현재 러시아 영토인 중앙아시아 파미르를 넘어 중국 신강성을 지나 장안(長安)으로 돌아왔다.

이처럼 고대 한국인은 항아리처럼 좁은 국토에 갇혀있지 않고 넓은 세계를 동경했던 진취적이고 용맹스러운 기상의 소유자였다. 적어도 고려 중엽 때까지 한국인 선조들의 해양활동은 굉장했다. 『삼국유사(三國遺事)』에 나오는 처용랑은 아랍인이라는 설도 있는데, 사실 고려시대에는 아랍인이 많이 왕래했다는 기록이 나온다. 한반도에서 많은 도래인(渡來人)이 삼국시대 이후 일본으로 건너가 문물을 전파했다는 사실도 한국인의 역동성을 말해준다.

그러나 한국인의 대륙성은 서기 7세기 고구려가 나당 연합군에 패퇴하여 만주 땅에서 물러나면서부터 서서히 축소돼 버렸다. 한국인의 해양성도 고려 후기(13세기) 몽고와 왜구의 잇단 침입으로 강토가 쑥대밭이 된 후 급격히 위축되었다. 급기야 이성계의 '위화도 회군' 이후 한국인의 의식은 안쪽으로 쪼그라들어 조선시대 내내 일관되게 쇄국정책이 전개되었다.

쇄국정책은 나라를 망국으로 이끈 장본(張本)이다. 한국인의 해외활동은 엄격히 통제됐으며 외국인의 국내 입국도 전혀 허용되지 않았다. 심지어 외국의 주목을 끌지 않겠다는 생각으로 고의적으로 해안을 황폐하게 만들기도 했다. 선창가도 만들지 않았고 밤이면 해안에 불빛을 보여서도 안 되며, 섬에서 주민을 철수시키는 이른바 '공도(空島)' 정책을 썼다. 그것도 모자라 조선 정부는 작은 선박 이외에 대양에 나갈 수 있는 함선의 축조도 법으로 금지시켜 버렸다. 이런 정신으로 살았으니 어찌 조선이 망국으로 내리닫지 않을 수 있었겠는가.

우리 역사에 조선이 전부는 아니다. 그러니 이제 우리 역사를 다시 보자. 고조선을 비롯하여 부여와 신라, 고구려, 백제의 건국정신은 대륙성과 해양성이었다. 우리의 고대사는 좁은 한반도를 넘어 만주와 중원 그리고 일본 열도까지 포함하는 광활한 무대를 배경으로 펼쳐진다. 일제의 황국·식민사관과 중국의 중화사관으로 가려진 장막을 걷어내고 고대사를 보면 이처럼 시공이 확 트인다. 역사학자 이덕일은 이렇게 강조한다.

"우리는 종래의 방어적인 한국사 인식에서 벗어나, 동아시아

라는 세계사 속에서 한국의 역사 및 선조들의 역동적인 대륙성
과 해양성을 복원해야 한다. 대륙과 해양을 상실하고 좁은 반도
에 갇힌 채 그 반도마저 남북으로 가르고, 다시 동서로 갈라 싸우
는 이 분열의 시대에 대륙성과 해양성의 복원은 미래를 향한 통
합적 지향점이 될 것이다. 우리 선조들이 말 달리고 배 달렸던
그 광활한 대륙과 해양을 온전히 후손에게 물려주는 것 또한 우
리 시대의 임무가 아니겠는가."

한국무역협회장을 지낸 김재철 동원그룹 회장은 "세계 지도를
거꾸로 보자"고 주장한다. 거꾸로 봐야 한국의 미래가 보인다는
것이다. 과감히 발상을 바꾸자는 얘기다. 사실, 지금의 세계지도
는 유럽인의 관점에서 만들어진 것에 불과하다.

"거꾸로 보면 한반도는 더 이상 유라시아 대륙 동쪽 끄트머리
에 매달린 작은 반도가 아니다. 대륙을 발판으로 우뚝 서서 태평
양을 향해 힘차게 솟구치고 있는 형상이다."

그는 한반도를 육지에서 보지 말고, 바다에서 바라보라고 주장
한다.

"육지에서 본 한반도는 인구는 많고 자원은 부족한 볼품없는
나라지만 바다에서 한반도를 보면 동북아시아의 전략적 관문에
해당하는 요충지다. 바다에서 육지로 이르는 교두보이자 육지에
서 바다로 나가는 시발점이다. 대륙으로는 중국, 러시아, 유럽
등으로 연결되고 바다로는 태평양, 인도양으로 무한정 뻗을 수

있는 지경학적(Geo-Economical) 여건을 갖추고 있다. 일본, 중국을 비롯해 세계 경제의 5분의 1을 점유하고 있는 지역의 중심에 한반도가 자리잡고 있다.”

김 회장의 지론을 듣고 있노라면 과거 패배주의적 ‘지정학적’ 사고는 단번에 사라진다. 한국이 반도라서 대륙 국가의 강포한 지배를 받았고 사대주의를 형성해 발전하지 못했다는 식민사관도 죽어버린다.

세계 10대 경제 강국으로 발돋움하게 한 ‘한강의 기적’도 결국 한반도 땅에서 문을 활짝 열고 나가 이룬 것이다. 반도가 발목을 잡는 게 아니라 오히려 기회를 준다.

이제 역사 발전의 주류가 태평양을 건너 동북아시아로 이동해 오고 있다. 20세기 후반부터 시작된 동북아시아 지역의 역동적인 경제성장이 앞으로도 지속돼 세계 총생산에서 차지하는 비중이 1990년의 16퍼센트에서 2010년에는 30퍼센트에 육박할 것으로 전망된다.

동북아시아의 관문이 바로 한국이다. 이제 한반도를 동북아시아 비즈니스센터로, 교역과 물류의 중심지로 그리고 세계적인 관광거점으로 개발해야 한다. 바로 거기에 한국의 미래가 달려 있기 때문이다. 훗날 유럽연합처럼 동아시아 국가연합이 만들어진다면 유력한 수도 후보로 한국이 부상할 수 있다. 이에 대비해 훌륭한 국민성, 매력적인 나라를 건설해 나가자.

　우리 국민의 자질은 세계에서 첫 손가락에 꼽힐 정도로 우수하다. 위기에도 강하다. 대륙성과 해양성 기질이 고루 갖춰져 시베리아 혹한, 중동 열사, 아프리카 오지 등 그 어느 지역에 가서도 꿋꿋이 버티며 명성을 떨치고 있다. 한국이 만든 대중문화가 열대, 온대, 한대 등 지역 구분 없이, 기독교, 불교, 이슬람교, 힌두교 등 종교 구분 없이 각광을 받고 있는 것도 한국인의 대륙성과 해양성의 탁월한 조화 덕이다. 자, 뛰자 대륙으로! 나가자 바다로!

한국 문화의 위대성,
대교약졸(大巧若拙)

평생을 민족문학 수립에 몸 바친 지식인이 자의식이 무장 해제된 술자리에서 한탄조의 푸념을 늘어놓는 걸 들은 적이 있다.

"사실 한국문화라는 것이 볼 게 뭐가 있어요. 톨스토이가 있나 괴테가 있나 그리스 조각상이 있나, 빈약하기 짝이 없지."

순간 말문이 막히면서 시커멓게 뒤엉킨 실타래가 머릿속을 굴러다녔다. 물론 한국문화에 톨스토이와 괴테, 그리스 조각상은 없다. 하지만 정녕 한국문화는 빈약하기 짝이 없는가.

'빈약하다'는 말에서 맨 처음 연상되는 것은 백의민족(白衣民族)이라는 말이다. '평화를 사랑해 흰 옷을 즐겨 입었다'는 관제적(官制的) 해석에서부터 왠지 한국인의 콤플렉스가 느껴진다.

반면, 일제 치하 제국주의자들은 한국인의 '백의'를 무기력의 상징으로 보고 '흰옷 입기 금지운동' 까지 펼쳤다. 다양한 색깔의 의복을 입는 일본인이나 중국인과 달리, 상복(喪服)용의 흰옷을 한국인이 즐겨 입은 이유는 오랜 역사적 고통 속에서 상처받고 의욕과 즐거움을 잃었기 때문이라고 그들은 제멋대로 분석했다.

포털 사이트 네이버에 들어가 보면 '왜 우리 민족이 백의민족인가?' 를 놓고 네티즌 간에 벌인 열띤 공방전을 찾아볼 수 있다. 그 중에서 주도적인 의견은 대체로 자조적이었다.

"백의민족이라는 말에는 우리 민족의 한이 서려 있습니다. 하얀 색을 사랑하는 순수한 민족이라는 말은 그럴 듯하지만 근대화 이전에 일반 백성은 말 그대로 찢어지게 가난하게 살았습니다. 노동력 확보 차원에서 식구는 많고, 가진 땅은 적으니 당연히 생산량도 적고, 먹을 것도 없는데 입을 것이라고 풍족할 리 없습니다. 입을 것이라고 해야 고작 닳을 대로 닳고 꿰맬 대로 꿰맨 질 안 좋은 광목 한 벌뿐이었습니다. 염색할 돈도 없었고 누런 광목을 빨고 또 빨아 입다 보니 당연히 물이 다 빠져서 허연빛을 띠게 됐죠. 이러한 우리 서민의 모습을 타국 사람이 보고 어딜 가도 (한국인은) 하~얀 옷을 입고 다니는 것으로 알고, 백의민족이라고 한 것이죠."

색이 빈약하다는 면에서 보자면 영국 대영박물관에 진열된 한국의 '무덤덤해 보이는' 백자, 청자와 화려한 채색 및 현란한 기교가 돋보이는 중국, 일본의 도자기를 보면서도 그런 느낌을 받을 수 있다. 색뿐 아니라 스케일도 경복궁은 자금성에 비해 초라해 보이며, 기교면에서도 불국사는 성 베드로 성당에 비해 소박해 보인다.

빈약함과 초라함, 소박함에 외침, 가난, 수탈, 망국의 한이 서린 역사에 대한 자의식이 중첩되면 한국문화는 역시 빈약하다는 생각이 마치 사실인 것처럼 여겨질 수도 있다.

적극적인 미의식, 다이내믹 코리아

흔히 서양의 미는 인위적 기교미가 강해 화려하거나 웅장한 반면, 동양의 미는 무위자연의 졸박미(拙樸美)가 강해 은은하거나 깊이가 있다고 평가한다. 이 같은 동양적 미의 철학은 노자의 도덕경 중 '대교약졸(大巧若拙)'이라는 한 구절에 함축적으로 나타나 있다.

크게 완성된 것은 마치 결손이 있는 듯하지만 그 쓸모가 닳아서 떨어지지 않는다. 크게 가득 찬 것은 마치 비어 있는 듯하지만 그 쓰임이 끝이 없다. 크게 바른 것은 마치 굽은 듯하고, 크게 솜씨가 좋은 것은 마치 서툰 듯하며, 크게 말 잘하는 것은 마치 어눌한 듯하다. 고요함은 떠들썩함을 이기고 차분함은 열기를 이긴다. 맑고

깨끗한 것은 천하의 바른 길이 된다. (노자, 『도덕경』 45장 전문)

─박석, 『대교약졸』에서 재인용

대교약졸을 그대로 풀이하면 '큰 솜씨는 마치 서툰 것처럼 보이는다' 는 뜻이다. 이를 미(美)의식과 연결하여 해석해 보면 뛰어난 예술이나 미는 얼핏 흠도 있고 서툰 것처럼 보이나 실은 최고의 경지에 도달했다는 것이다. 이것이 동양적 미의식이다.

상명여대 중문과 박석 교수의 말에 따르면 첫 눈에는 빈약하고 초라하고 소박하지만, 볼수록 넘치는 생기를 발산하는 한국의 예술, 문화야말로 대교약졸의 정신을 가장 잘 구현한 것이라고 한다.

동북아시아문화권이 서양문화권에 비해 전반적으로 대교약졸의 아름다움을 더 중시하고 있다. 그러나 같은 동북아시아 안에서도 다시 세분화해서 보면, 중국 사람들이 전반적으로 크고 웅장하고 화려한 아름다움을 좋아하는 반면, 한국 사람들은 작고 섬세하고 담백한 아름다움을 추구하고 있다. 즉, 중국 사람들보다는 한국 사람들이 대교약졸의 아름다움을 더 깊게 이해하고 있다.

─박석, 『대교약졸』

한국과 중국의 건축을 비교해 보자. 중국 베이징의 자금성은 산이 하나도 없는 광활한 평지에 지어졌다. 모든 건물은 주 궁전인 태화전을 중심으로 대칭과 조화를 이루는 기계적 통일미를 보여준다. 반면 서울의 경복궁은 주변의 산을 끼고 산세와 지형을 고려해 지어졌다. 한 마디로 자연친화적이다. 근정전이 중심 건물이지만 기계적 통일미보다는 훨씬 더 유기적이고 분산적인 통일미를 보여주고 있다. 또한 궁전 처마의 선이 보여주는 곡선의 아름다움도 중국과는 비교가 안 될 정도로 자연스러운 멋과 섬세한 기교가 조화를 이루고 있다.

이로써 한국의 건축물이 훨씬 더 자연스럽고, 분산된 통일미를 보여주며 자연친화적이라는 사실을 알 수 있다. 서양 궁전과 중국 궁전을 비교할 때는 중국에게서 '대교약졸'의 미를 발견할 수 있듯, 중국과 한국의 궁전을 비교하면 한국에게서 대교약졸의 미를 발견할 수 있다.

일제 식민지배 시절, 누구보다 한국의 예술성을 높이 평가해 일본에 알린 인물이 야나기 무네요시(柳宗悅, 1889~1961)다. 그는 한국 예술품의 아름다움을 '대교약졸'의 관점에서 파악했다. 그가 바라본 한국적인 미는 '무의식의 미', '무작위의 미', '무기교의 미'였다. 그는 조선시대의 수수한 백자를 인정과 마음의 하소연을 간직한 '정의 기물'인 동시에 '무작위의 미'와 '무기교의 미'의 표본이라고 말했다.

질이 떨어지는 경우는 조잡하다고 할 수 있지만 뛰어난 작품은 천진스러우며 자연스러워서 최고의 미를 만들어낼 수 있는 요소를 갖추고 있다. 거기에는 천연이 부여해준 무기교의 기교가 있다. 인공적인 작위가 적기 때문에 자연스럽게 살아 있다. 시대가 내려옴에 따라 기교는 복잡해지는 것이라고 하지만 조선시대의 요예만은 놀랄 정도로 예외이다. (야나기 무네요시, 「조선시대 요(窯) 만록(漫錄)」)

―강영희, 『금빛 기쁨의 기억』에서 재인용

그는 일본의 도자기가 인위적이고 완성의 버릇에 치우쳐 종종 생기를 잃는 반면, 한국의 도자기는 불규칙 속에 규칙, 미완성 속에 완성이 흐르고 있기 때문에 아름답다고 강조했다.

많은 한국 미술평론가들도 한국인의 미의식은 기술적인 완벽성은 결여됐지만 눈에 보이지 않는 정신적 아름다움을 추구하는, '대교약졸'의 미를 지녔다는 데 동의한다.

예를 들면 절벽마다 새겨진 웃는 부처님 얼굴의 '마애불(磨崖佛)' 같은 것이 대표적이다. 『한국 미술의 미의식』의 저자(공저)인 김리나 교수는 "비록 기교 없이 소박하고 세부표현이나 기술적인 완벽성이 어느 정도 결여되어 있으나 이는 더 큰 의미의 전체적인 통일감과 생동감을 위해 희생된 것"이라고 평가했다.

안동 병산서원 만대루의 휘어진 대들보, 일그러진 '달 항아리'

백자대호(白磁大壺), 삐뚜름한 백자철화 매죽문 대접 등 우리나라의 귀중한 문화재들은 얼핏 보면 치졸한 서투름으로 나타나지만, 실은 격조 높은 세련됨을 말해준다. 추사 김정희의 글씨체도 언뜻 보면 졸한 느낌을 풍기지만 다시 보면 세상의 어느 달필과도 견줄 수 없는 경지에 도달해 있음을 알 수 있는 것과 마찬가지다.

이 원숙성은 원숙하여 도리어 아졸미에 도달하기도 한다. 이것이 바로 대오(大悟)하고 보니 대오하기 전과 같더라는 소식이다. 늙으면 도리어 아이와 같아진다는 얘기다. 그러므로 멋은 원숙을 발판으로 하면서도 그 원숙에서 오는 능란함의 무난을 뛰어넘지 않으면 안 된다. 원숙은 초규격의 바탕이지만 초규격이 곧 원숙은 아닌 것이다. (조지훈, 「멋의 연구」)

—강영희, 『금빛 기쁨의 기억』에서 재인용

박석 교수의 주장처럼 대교약졸이라는 개념은 중국인이 먼저 창안했지만, 그 속의 참뜻과 참맛을 제대로 실현한 것은 한국인이다. 그러므로 과거 중국으로부터 문화를 수입한 것에 주눅들 필요가 없다. 왜냐하면 그들로부터 좋은 재료와 자양분을 공급받아 우리만의 노하우로, 깊고 그윽한 우리의 문화를 만들어냈기 때문이다.

제국주의 침략에 따른 국권의 상실과 함께 찾아온 근대는 한국인에게 감당하기 어려운 충격이었다. 이것은 일반적으로 근대와 함께 생겨나는 자국문화에 대한 자의식과 미의식에서도 예외가 아니었다. 이에 따라 근대 이후의 한국인, 특히 지식인은 한국문화는 서구문화에 비해 빈약하기 짝이 없으며 기껏해야 빈약함 속에서 결벽한 단아함을 추구한다는 식으로 자위하였을 따름이다.

그러나 대교약졸의 개념에서 보면 얼핏 빈약하고 초라하고 소박해 보이는 한국문화는 실은 최고의 경지에 도달해 있다. 실제로 최근 한국문화는 이차원 직선의 반듯함에 목을 맨 '죽은' 근대를 넘어, 다차원 곡면의 울퉁불퉁함에 몸을 던지는, 즉 '살아 숨쉬는' 탈근대 시대를 맞이하여 세계인의 시선을 한 몸에 받고 있는 중이다. 난타 같은 마구잡이 에너지를 머금은 정체불명의 덩어리, 한류가 지구촌 곳곳에서 거센 물살을 일으키는 것처럼 말이다.

한류에는 한국인의 '대교약졸'의 예술성이 깊게 배어 있다. 즉, 질서 정연함보다 변화를, 통일보다 다양함을, 인위성보다 자연스러움을, 화려함보다 소박함을, 정교함보다 투박함을, 기교보다 무기교를 추구해왔던 풍토에서 축적된 '한국성(韓國性)' 말이다. 이제 더 이상 한국은 중국으로부터의 문화 수입국이 아니다.

그렇다고 한국문화가 지향해야 할 방향이 서양문화를 배척하고 우리 전통문화를 고수하는 데 있다는 것은 아니다. 어디까지나 우리의 전통문화와 서구문화를 나선형으로 통합해 새로운 문화를 창조하자는 얘기다.

세계적인 비디오 아티스트 백남준이 추구한 예술 세계가 그랬다. 겉으로는 서양 전위예술을 추종한 '서양적 예술가' 인상이 짙지만, 실은 '토속적 한국인의 모습을 바탕으로 부단히 세계의 것을 제압하는' 과정에서 그의 예술적 위대성이 생겨난 것이다. 백남준의 예술 세계에 세계인과 한국인의 두 얼굴이 공존하듯, 21세기 한국의 예술도 양자택일이 아니라 양자 회통(會通)을 통한 창조로 나아가야 한다. 분열적 모순이 아니라 통합적 모순이다. 한국인과 세계인, 토속성과 세계성이 경계를 허물고 손을 잡아 새로운 창조적 세계를 만들어가야 하는 것이다.

우리의 주변을 돌아보라. 오늘의 한국인은 더 이상 자신을 백의민족이라 부르지 않는다. 대신 붉은 악마라고 부른다. 한국인이든 비한국인이든 더 이상 한국문화의 색이 빈약하다고 생각하는 사람은 없다. 이제 한국인은 백의민족이라는 상징 속에 숨겨진 콤플렉스와 결별하고 붉은 악마라는 자신감과 감격스러운 해후를 했다. 당연히 붉은 악마 뒤에는 생기 넘치는 다이내믹 코리아(dynamic korea)의 색동 후광이 빛난다.

마지막으로 한 마디를 덧붙이면, 이것은 조선의 미를 '무의식의 미'라고 규정한 일본인 야나기 무네요시의 설명과는 차원을 달리한다. 이는 마음을 한없이 비움으로써 생겨나는 소극적인

무의식의 경지가 아니라, 다시 그것을 넘치도록 채움으로써 생
겨나는 적극적인 미의식의 경지다. 그러니까 백의민족이 아니
라, 붉·은·악·마가 맞다!

* 이 장은 『금빛 기쁨의 기억』의 저자인 강영희, 『대교약졸』의 저자인 박석의 도움 및 자료를
  토대로 쓰인 것임을 밝혀둡니다.

‘진짜 톨레랑스’는
프랑스가 아니라 한국에 있다

2006년 미국 슈퍼볼에서 최우수선수(MVP)로 뽑힌 한국계 미국인 하인스 워드(Hines Ward, 피츠버그 스틸러스 소속 와이드 리시버)의 고교시절 풋볼 코치였던 마이크 파리스는 그에 대해 이렇게 말한다.

“워드는 미국인에게서 찾기 힘든 ‘정(情)이 있는 사람(warm-hearted person)’이다. 내가 다른 학교로 옮겨 갔는데도 틈틈이 찾아와 인사한다. 그는 지금 내가 일하는 잭슨고등학교의 풋볼 팀 유니폼 비용도 부담한다. 나와의 인연을 소중히 여겨 그렇게 하는 데 대해 고마울 따름이다.”

파리스는 고교시절의 워드를 이렇게 회상했다.

“우리는 코치와 선수의 관계를 넘어 지금도 가족처럼 가깝게 지내고 있다. 워드는 노상 내 집을 드나들었고, 크리스마스 같은 휴일엔 자고 가기도 했다. 어머니와 단둘이 살고 있던 워드는 나를 형이나 아버지처럼 대하기도 했으며 고민이 있으면 제일 먼저 나를 찾아와 상의하곤 했다.”

파리스 코치와 워드와의 관계는 각자 사생활을 중시하고, 맺고 끊는 것이 분명한 일반 미국인 간의 인간관계와는 다르다. 인연을 중시하고 정을 소중히 여기는 한국적 인간관계의 모습이 더 많이 드러난다. 워드가 한국인 홀어머니로부터 받은 교육 덕분인 듯싶다.

유신시절, 반독재 운동을 벌이다 프랑스로 망명한 홍세화 씨가 쓴 『나는 빠리의 택시운전사』는 한때 베스트셀러가 됐었다. 그가 체험한 프랑스는 ‘톨레랑스(tolerance · 관용)’가 있어 남의 생각과 행동이 나와 달라도 용인되는 사회인 반면, 한국은 톨레랑스가 없어 사회적 관용이 허용되지 않는 사회라는 게 그의 지론이었다.

그 책에서 저자는 프랑스를 너무 띄워준 반면, 한국에 대해서는 가혹한 평가를 내렸다. 물론 한국이 더욱 다원 사회로 가야 한다는 측면에서는 그의 지적에 공감하지만, “한국 사회는 톨레랑스가 없어서 민주주의를 해도 껍데기 민주주의요, 어린이들에게도 남을 배척하는 왕따 현상이 일어난다”는 식의 비판에 대해서는 거부감을 느낀다.

그가 유신시절과 망명생활을 통해 겪은 고초는 십분 이해하지만, 군사독재정권에 대한 불신과 적개심이 지금까지 이어져 한국적인 것 전반에 대해 지나치게 부정적이라는 생각이 든다.

사실, 프랑스는 톨레랑스의 천국이 아니다. 자기들끼리는 톨레랑스가 있는지 모르지만, 다른(비프랑스적) 문화, 종교 등의 다양성을 존중해주는 민족은 결코 아니다. '프랑스 언어, 음식, 문화 예술이 세계 최고' 라는 그들의 생각은 자부심을 넘어 확신적 우월감 수준이다.

2006년 3월, 벨기에 브뤼셀 유럽연합(EU) 정상회담장에서 어느 프랑스 경제인이 모국어 대신 영어(공용어)로 연설하자 자크 시라크 프랑스 대통령은 분을 참지 못하고 퇴장해 버렸을 정도다.

2005년 11월, 이슬람권 빈곤층 이민자들이 표출한 극렬한 폭력 소요사태가 말해주듯, 도리어 프랑스는 톨레랑스라는 외피 속에 문화적, 인종적, 종교적, 경제적 간극과 적대감이 부글부글 끓고 있는 나라다.

배려와 이웃사촌 문화가 곧 한국의 톨레랑스다

한국 사회야말로 톨레랑스가 존재하는 사회다. 물론 그것은 수백 년 민주주의나 인권 역사가 있는 프랑스의 '톨레랑스' 와는 다르다. 프랑스의 톨레랑스가 '나와 다른 남에게 베푸는 관용 또는 다양성을 인정하는 태도' 라는 이성적 판단에 준거한다면, 한국의 톨레랑스는 '나보다 못한 남에게 베푸는 너그러움 또는 어려움을 나누려는 태도' 라는 정서적 경향에서 출발한다. 때문에 한국 사회의 톨레랑스는 한국적 표현으로 '정(情)' 이라고 할 수 있다.

전통적으로 한국 사회는 톨레랑스, 즉 정이 많은 사회다. 근세 이후 고난에 찬 삶 속에서도 이런 모습은 이어졌다. 원래 한국인은 막걸리 한 사발에도 묵은 화를 풀고, 말 한 마디에 천 냥 빚도 탕감해줄 수 있는 순박하고 화끈한 성정의 민족이다.

그런 모습은 생활에서부터 엿보인다. 한국인은 버스든 전철이든 노인이 타면 젊은이가 벌떡 일어나 자리를 양보한다. 어린아이가 타도 자리를 양보하거나 무릎에 앉히고 함께 간다. 이런 풍습은 다른 나라에서는 좀처럼 찾아보기 힘들다. 같은 유교문화권이지만 중국, 홍콩, 일본에서는 볼 수 없는 풍경이다. 한국에 사는 일본인도 '정말 놀랍고 정겨운 풍경' 이라고 극찬한다.

이는 결코 유교 서열의식의 발로가 아니다. 서열의식으로 따지자면 일본 사회가 훨씬 더 깍듯하다. 오히려 한국인은 서열에 대해 반감이 강하다. 한국인의 노인에 대한 자리 양보나 공경은 기본적으로 나보다 (체력이) 못한 이에게 베푸는 예의나 관용, 즉 한국적 톨레랑스의 발로다. 여기서 '나보다 못하다' 는 판단은 결코 우월적 입장에서 나오는 것이 아니라, 상대방에 대한 배려일 뿐이다.

요즘엔 만원버스가 없어졌지만, 예전 입석 버스 시절에 가방을 들고 타면 앉은 사람이 가방을 받아주는 풍습이 있었다. 간혹 이런 모습을 본 외국인은 놀라움을 감추지 못했다. 물론 이것은 감탄이 아니라 의혹이 담긴 놀라움이다.

"한국인은 어떻게 전혀 모르는 남에게 자신의 귀중한 소유물을 맡길 수 있는가? 그 사람이 들고 도망가면 어떻게 하나?"(미국인)

"어떻게 남의 물건을 달라고 해서 자기 무릎에 올려 놓을 수 있는가? 동기야 어찌됐든 남의 물건에 손을 대는 것조차 우리나라에서는 금기사항이다."(일본인)

그것은 그냥 한국인의 배려일 뿐이다. 한국적 톨레랑스의 표현이다. 그러나 낯선 사람을 철저히 조심하라는 교육을 받아온 대도시 출신의 미국인이나 남의 사생활에 참견해서는 안 된다는 교육을 받아온 일본인에게는 잘 이해되지 않는 부분일지도 모른다.

'이웃사촌'이라는 말은 한국적 톨레랑스의 다른 표현이다. 이는 이웃에 사는 사람끼리 정을 나누고 서로 돕고 사는 것이 형제처럼 가깝다는 의미다. 지금도 한국 농촌에서는 이웃집 살림살이, 대소사(大小事), 부부 금실, 자녀 사정 등 시시콜콜한 사항까지 꿰고 참견하는 무서운(?) 이웃들이 많다. 개인주의와 합리주의가 몸에 밴 서구인이나 사생활 보호를 최우선으로 삼는 일본인에게는 이런 이웃이 어쩌면 고통 내지 괴롭힘(harassment) 자체로 느껴질 수도 있지만 한국 사회는 정으로 느낀다.

1960~1970년대는 서울에서도 이웃간에 교류가 활발했다. 일종의 상부상조 공동체였다. 당시에는 너나없이 궁핍하던 시절이라 어느 집에서 잔치를 하면 음식이나 떡을 이웃에 고루 돌리는 것은 상례였다. 또한 부침개, 만두, 곰국 등 색다른 별식을 만드는 날에도 옆집에 한 대접 담아 보내곤 했다. 부부싸움 때 가서 말려주거나 상담하는 일, 돈 빌려주고 빌리는 일, 관혼상제나 이사 때 우르르 몰려가서 도와주는 일도 모두 이웃의 몫이었다. 비록 경제적으로는 힘들었지만, 이 같은 이웃사촌간의 돈독한 관계 덕분에 힘든 세월을 잘 견뎌낼 수 있었다.

한국인은 이미 톨레랑스가 몸에 배어 있다

한국 사회에 더치페이(dutch treat · 각자 부담) 문화가 적다는 것도 한국인의 톨레랑스를 잘 보여준다. 부자지간에도 셈이 분명한 서구인은 물론, 이웃 일본이나 중국인도 특별한 경우가 아닌 한 더치페이가 일반적이다. 그런 탓에 더치페이가 익숙지 않은 한국인이 외국인과 함께 있으면 괜히 남의 비용까지 몽땅 치르는 과(過)배려를 하곤 한다.

때론 '씀씀이가 헤프다' 거나 '괜한 호기를 부린다' 는 비판을 받을 수도 있다. 그러나 여기에는 기본적으로 '계산보다 정', '금전보다 친구(이웃)' 라는 한국적인 사고방식이 깔려 있다.

최근에는 젊은이들 사이에 점점 더치페이 문화가 확산되고 있지만, 성인 남자 사회의 주류는 여전히 한 사람 부담이다. 이것 역시 '(나보다) 못한 남을 위해' 혹은 '(남보다 형편이) 나은 내가' 에서 출발하는 배려, 즉 톨레랑스라고 할 수 있다. 여기서 못하다거나 낮다는 판단은 우월적이거나 객관적인 근거에 의한 것이 아니라 어디까지나 남을 배려하는 주관적인 마음자세다. 즉, 타인을 대접하고자 하는 따뜻한 마음의 표현인 것이다.

상대방에 대한 물질적 배려, 정(情) 문화는 우리의 오랜 풍습이다. 20세기 초만 해도 시골에서는 지나가는 나그네를 불러 먹여주고 재워주곤 했다. 또한 출세한 친척 집에서 신세를 지는 것도 하나의 관행이었다. 이런 한국적 상부상조(相扶相助)는 휴머니티가 넘치는 풍습인 동시에 의타심이나 부패를 조장하는 역작용도 있었다. 특히 구한말 한국을 다녀간 외국인에게는 상당히 부정적으로 비친 모양이다. 미국 선교사 호머 헐버트(Homer Bezaleel Hulbert, 1863~1949)는 『대한제국 멸망사』에서 이런 의문을 제기한다.

"첫째, 여관문화가 없다. 길을 가다 날이 저물면 아무 집에나

들어가 밥과 잠자리를 요구한다. 주인은 거절하는 법이 없다. 나 그네의 천국인 이런 나라가 세계 어디에 또 있을까? 둘째, 한 집 안에 출세한 사람이 나오면 문중(門中)의 어른이나 친척, 친지들이 떼 지어 몰려가 무한정 기식(寄食)하는 관행이 있다. 식객들은 주인의 돈과 쌀로 살아가는데 만약 주인이 이를 거절한다면 인간적인 도리가 아닌 것으로 손가락질 받았다."

헐버트는 이 같은 인정이 한국인의 아름다운 성정을 말해주는 것이나, 동시에 금전적 낭비, 허세, 게으름, 기생(寄生) 등을 부추겨 한국의 발전을 저해하고 있다고 분석했다.

"한국인은 '인색하다'거나 '노랭이'라는 말을 가장 싫어한다. '거짓말쟁이'나 '난봉꾼'이라는 욕은 일소에 부치면서 말이다."

이사벨라 버드 비숍은 "한국인은 매우 명민한 민족이지만 셈은 흐리다"고 지적했다. 그녀는 물질적인 욕심에서 비롯된 것이 아닌데도 경제적인 생각 자체를 수치스럽게 여기는 것이 한국적 태도라고 분석했다. 모름지기 한국의 선비정신은 "황금 보기를 돌같이 하고, 아무런 재산도 갖지 말아야 하며 가난을 오히려 자랑스럽게 여기라"고 가르쳐왔다.

한국인의 톨레랑스에서 빼놓을 수 없는 것이 바로 대가족제도다. 지금은 핵가족화가 급속히 진행되어 대가족제의 존폐를 걱정하는 이들도 있지만, 그리 걱정할 필요는 없을 듯싶다. 앞으로 고령화·저출산 사회가 되어 각자 더 외로워질수록 그 대체 수단으로 대가족제가 다시 각광받을 날이 올 것이다.

가족의 중요성은 동서고금이 마찬가지지만, 특히 한국은 유교적 전통이 강해 모든 것이 집(家)을 중심으로 이루어졌다. 집안을 세우기 위해 가족 모두가 강하게 뭉치고, 가족 전체를 위해 개인이 기꺼이 희생하는 일도 흔했다.

국가적, 사회적 체제가 제대로 마련되지 않은 상황에서 한국의 대가족제도는 사회보장제도 기능을 발휘했다. 집안 어른이 은퇴하면 평생 모시고, 실직이나 사업에 실패한 사람에게도 숙식이 보장된 곳이 집이었다.

한국인은 기본적으로 외국인에게 친절하다. 외국인의 행동에 대해 너그럽다. 요즘엔 소위 '자주' 의식이 표출되면서 간혹 백인들과 마찰이 빚어지거나 제3세계 근로자들에 대한 학대 소리가 나오지만 그것은 소수의 예다. 몇 년 전, 방글라데시를 방문했을 때 현지 한국 대사가 전해준 얘기는 인상적이었다.

"방글라데시 사람들이 가장 가고 싶어하는 나라가 한국이다. 월급도 많은 데다 신분차별이 없고 정으로 대해주기 때문이다. 여기서 나가는 외국이 중동, 말레이시아, 인도 등인데 거기에 가면 지독한 신분차별과 종교 장벽 때문에 거의 노예 취급을 받는다고 한다. 그러나 한국에선 밥도 함께 먹고 일 끝나면 소주도 같이 마시고, 설날에 맛있는 음식도 대접받을 수 있어 아주 좋아한다. 물론 악덕업주들도 있지만 그건 세계 어디에나 있는 현상이다."

외국인에 대한 한국인의 톨레랑스는 외국인과의 접촉을 법으로 금지한 조선시대에도 살아 있었다. 당시 사료에는 외국인이 한국 땅에 표류해 오면 함부로 대하지 않고 극진한 대접을 해준 사례가 많이 기록되어 있다.

네덜란드 선원 하멜 일행이 1653년(효종 4년) 제주도에 표류했을 때는 조정이 나서서 인도적 처우책을 마련해주었다. 같은 네덜란드인으로 귀화한 박연을 내려 보내 안심시켰고, 난파한 배에 실린 화물을 압수하지도 않았다. 꼭 필요한 물품은 정당한 가격을 지불하고 구입하도록 했다.

1625년(인조 3년) 중국인 32명이 제주도에 표류해 왔을 때, 조정에서는 배를 수리하고 수군을 붙여 중국까지 호송해주었다. 그보다 앞서 선조 대에는 일본에서 독립해 있던 류쿠왕국(현 오키나와)의 난파한 배를 구해주고 수군을 동원해 표류자들을 본국까지 송환해주었다. 류쿠에서는 감사의 예물을 보내왔지만, 조정에서는 "표류자를 도운 대가로 예물을 받는 것은 온당치 못하다"며 보내온 예물보다 갑절이나 많은 물건을 류쿠에 보냈다. 그러자 류쿠에서 다시 예물을 보내와 무려 16년 동안이나 그런 교환이 반복되었다. 그 과정 중에 임진왜란이 일어났는데 류쿠는 조선에 대한 고마움을 잊지 못해 병력을 파견해 돕기까지 했다.

종교적인 관용은 톨레랑스의 극치

한국인의 톨레랑스의 극치는 종교적인 관용에서 찾아볼 수 있다. 현재 '인권 천국' 이라고 불리는 유럽은 예나 지금이나 종교 갈등이 심각하다. 십자군 전쟁을 비롯해 유럽의 근세사는 한 마디로 종교전쟁의 역사다. 2005년 겨울, 프랑스 이슬람권 빈곤층의 폭동 직후 박노자(노르웨이 오슬로 국립대학·한국학) 교수는 '톨레랑스, 유럽의 새빨간 거짓말' 이라는 제목의 칼럼을 통해 유럽은 톨레랑스가 부족하다고 일갈했다.

'톨레랑스' 의 나라 프랑스에서 톨레랑스 사상이 태동하게 된 결정적 사건도 종교갈등이다. 그것도 타종교 간이 아니라 신·구교 갈등에 의해서다.

18세기, 프랑스 툴루즈의 한 개신교 가정에서 일어난 자살 사건이 엄청난 종교적 광신사태를 불러일으켰다. 이에 대한 반성으로 철학자 볼테르가 '관용(톨레랑스)론' 을 외치고 나선 것이다.

반면, 한국사회는 어떠한가? 기독교와 불교가 쌍벽을 이루며 전체 인구의 각각 40퍼센트를 차지하고 있고, 이밖에 천도교, 증산교, 대종교, 대순진리회, 천리교, 통일교, 시온교, 몰몬교, 이슬람교 등 수많은 종교가 섞여 있다. 하지만 갈등은 전무하다.

1990년대 들어 연거푸 기독교인이 대통령으로 집권했고, 내각 상당수가 기독교인이지만 갈등의 징후는 없었다. 해방 당시, 불과 50만 명밖에 안 되던 기독교인이 현재 2천만 명에 육박하지만 불교 등 타 종교들이 이를 시샘해 갈등을 불러일으킨 적도 없다.

2006년 2월에는 한국의 불교 비구니, 가톨릭과 성공회 수녀, 원불교 교무의 친목모임인 삼소회 회원들이 세계 성지순례 도중 인도에서 티베트의 종교지도자 달라이 라마를 친견해 화제를 모았다. 달라이 라마는 무척 기뻐하며 말했다.

"여러분이 종교화합과 세계 평화라는 나의 이상을 이렇게 실천하니 정말 기쁩니다. 종교가 피 비린내 나는 갈등을 야기하고 있기에 나는 1975년부터 종교화합 운동을 시작했습니다…."

한국에는 역사적으로 불교, 유교, 도교, 무속 등이 존재했지만 갈등 대신 화합과 통합의 장을 펼쳐왔다. 그야말로 한국적 톨레랑스의 진수라고 할 수 있다. 불교 국가였던 고려의 연중 최대행사 '팔관회(八關會)'엔 불교 외에 다양한 토속종교가 어울렸다. 3·1운동도 불교, 천주교, 기독교 등 3대 종교를 대표하는 33인이 주도해 일어났고, 1926년 6·10 만세 운동에서도 한국의 종교인은 연합하여 독립운동을 펼쳤다.

이덕일 한가람 역사문화연구소장은 "다양한 종교가 존재하는 한국에서 종교갈등이 없다는 것은 세계적으로 놀라운 일이며 창조적 공존을 도모할 만한 열린 사고의 인자(因子)들이 있다는 증거"라고 말했다. 이 인자 중 하나가 바로 나와 다른 것(종교)을 인정하고 함께 살아가는 한국인의 톨레랑스다. 프랑스인이 아직도 흔쾌히 인정하지 못하는 종교적 다원성을 우리는 이미 천 년 전부터 인정하고 있었다.

한국인에게 뿌리 깊은 지역감정은 없다

한국인의 톨레랑스와 관련하여 꼭 짚고 넘어가야 할 주제가 바로 '지역감정'이다. 많은 이들이 한국은 심각한 지역감정으로 분열되고 있다고 우려한다. 심지어 망국적 지역감정이 한국 사회에 뿌리박혀 있다고 주장한다. 하지만 이것을 액면 그대로 동의할 수는 없다.

물론 한국에는 지역감정이 있다. 그러나 내전까지 치달은 수많은 외국과 비교해볼 때 매우 양호한 상태다. 그런데도 일부 인사들은 한국의 지역감정을 크게 과장한다. 저마다 지역감정을 추방하자며 갖가지 주장을 내세우지만, 그런 사람들이야말로 지역감정을 부추겨 정치적 득을 챙기는 이들이다.

소위 '지역감정'이라 불리는 영호남의 갈등은 1971년 제7대 대통령 선거에서 영남 출신의 박정희가 호남 출신의 김대중을 간발의 차이로 이긴 뒤 불거졌다.

김대중을 비롯해 호남 인사들에 대한 차별이 심화되었고, 1980
년에는 광주 민주화운동에 대한 잔인한 진압; 이후 TK(대구·경
북) 세력을 중심으로 한 신군부의 등장이 상황을 더욱 악화시켰
다. 여기에 1987년 대선 때, 민주화 세력인 양김(김영삼, 김대중)
이 각자 출신지를 중심으로 갈라지는 바람에 영호남 갈등은 심
화되어 갔다.

그러나 과거에는 이런 갈등이 존재하지 않았다. 박정희가 쿠
데타로 집권한 뒤 이뤄진 1962년 제5대 대선의 경우, 호남의 절
반 이상이 박정희를 지지했다. 특히 전남에서는 52퍼센트가 박
정희를 지지했는데, 이는 박정희의 본거지인 경북의 50퍼센트
지지율보다 높았다.

국사학자들은 '한국의 지역감정은 군사독재시절의 잔재일 뿐,
어떤 역사적 뿌리도 없다'고 주장한다. 그들은 몇 가지 이유를
들어 그러한 주장을 뒷받침하고 있다.

첫째, 한국 사회는 서구의 다문화국가처럼 종교, 언어, 종족,
역사적 차이로 구분되는 지역공동체가 없다.

둘째, 근대 민족국가 성립의 전제조건인 봉건제 대신, 진작부
터 강한 중앙관료체제를 유지해왔다.

셋째, 역사적으로 고려 말 대(對)몽 항쟁 이후 천 년 가까운
기간 동안 한 번도 자치나 분리를 지향하는 지역주의 운동이
없었다.

굳이 역사가 보여주는 지역감정이라면 조선시대 후기 관리를 임용할 때 평안도, 함경도 사람들에 대한 차별이 있었을 뿐이다. 그밖에는 비록 문벌이 중시되고 붕당정치가 이뤄지긴 했지만 지역주의는 유발되지 않았다.

국사학자 장석흥(국민대학교) 교수는 "영호남의 지역감정은 과거에는 존재하지 않았고, 도리어 지리산을 공유하면서 부단한 교류를 통해 공동운명체로 발전해갔다"고 강조했다. 국민대학교 국사학과에서 펴낸 『지리산 문화권』을 보면 지리산 일대는 일찍부터 영호남을 연결하는 통로로 임진왜란에서부터 빨치산 투쟁에 이르기까지 역사의 주요 고비마다 영호남이 단합했던 사실(史實)을 기술해 놓고 있다.

그렇다면 외국의 사정은 어떨까? 결론부터 말하자면 우리보다 훨씬 더 심한 지역감정이 있는 나라가 한둘이 아니다. 미국은 이미 140여 년 전에 4년간의 남북전쟁을 통해 막대한 희생을 치렀다. 영국은 지역 · 민족적으로 잉글랜드, 스코틀랜드, 웨일즈, 아일랜드로 나뉘어 지금까지도 앙숙이다. 국기도 다르고 월드컵 때도 각기 독자팀을 출전한다. 예컨대 잉글랜드와 독일이 축구경기를 벌이면 스코틀랜드인은 독일을 응원할 정도다.

캐나다는 프랑스와 영국인 후예 간 갈등이 뿌리 깊다. 특히 프랑스어를 사용하는 퀘벡 주는 줄기차게 분리 · 독립을 시도하고 있다. 이탈리아에서는 남부와 북부 간 대립이 심각하다. 독일도 전통적으로 남북 지역감정이 있는 데다 냉전으로 동서로 갈리면서 지금도 후유증이 만만치 않다. 스위스는 프랑스계, 독일계, 원주민이 섞여 있는 탓에 인종과 언어갈등이 만만치 않다.

중국은 워낙 넓어 언어, 음식, 생활습성이 저마다 다르다. 예를 들어 같은 남부라도 상하이, 광둥, 푸젠 등은 언어와 음식이 매우 다르다. 심지어 동남아에 사는 화교들도 각기 출신별로 갈려 자기들끼리만 사업을 하는 것이 보통이다.

일본의 동서 지역감정은 한국과 비교가 안 될 정도로 뿌리가 깊다. 1600년 도쿠가와 이에야스(德川家康)의 동군이 이시다 미츠나리(石田三成)의 서군을 이긴 뒤, 일본을 통일하게 되면서 간토(關東)와 간사이(關西) 간의 지역감정이 생겨났다. 200년 이상 중앙 정치무대에서 찬밥 대접을 받았던 간사이 사람들은 1868년 메이지유신을 계기로 주류로 진입해 활약했다. 이 중에서도 주역인 조슈번(현 야마구치현), 사츠마번(가고시마현), 도사번(고치현) 출신들 간에 중앙 정치권력은 물론 제국주의 시대 육군(조슈번)과 해군(사츠마번과 도사번)을 놓고 심각한 경쟁과 알력이 발생했다. 그러다 보니 제2차 세계대전 중에는 육군이 해군과 별도로, 항공모함과 잠수함을 포함한 독자적인 '함대'를 보유하는 초유의 사태도 벌어졌다. 우리 식으로 따지면 육군은 전라남도, 해군은 전라북도가 저마다 주도권을 잡고 싸웠다는 식이다.

한국인은 한국의 지역감정을 부정적으로 보는 경우가 많지만,

한국에 사는 외국인들은 도리어 긍정적으로 보고 낙관론을 피력한다.

"한국은 강대국들의 끊임없는 외침 속에서도 수천 년을 살아온 민족이다. 그같이 강인한 응집력이 있는 민족에게 지역감정조차 없다면 이상하지 않은가."

미 국무부 내 한국통이며 아프가니스탄 부대사로 근무한 리처드 크리스텐슨(Richard Christenson)은 이렇게 지적했다.

"한국은 단일민족이다. 어디를 둘러봐도 똑같다. 생김새, 언어, 혈통, 역사, 음식 등 다른 것이 없다. 한국인은 너무 공통점이 많기 때문에, 무의식적으로 서로 다른 점을 찾고 그 차이점을 확대 해석하는 것 같다."

한국인이 삼국시대 이후 1300여 년간 사이좋게 단일민족, 단일국가를 유지해왔다는 사실은 곧 한국인의 톨레랑스 정신을 그대로 보여준다. 한국인은 원래 '함께 사는' 상생(相生)을 추구하는 민족이요, '다른 것을 합치는' 합일(合一)정신의 소유자다. 이는 한국인의 가족·이웃·지역공동체 개념, 정(情)문화, 나눔의 습관, 종교에 대한 관용, 배려 등을 종합해보면 알 수 있다. 결코 편협하거나 남의 아픔을 모른 체하는 몰인정한 사람들이 아니다.

물론 어려운 시절도 많이 겪었다. 현대사만 봐도 분단과 전쟁의 아픔을 겪은 뒤 무시무시한 남북간 대치, 처절한 빈곤상황에 직면해 불가피하게 한국인의 톨레랑스를 거세시킨 암흑기도 있었다. 또한 숨 막히는 획일문화가 존재하던 시절도 있었지만, 결국 한국인은 극복했다.

지금 겪고 있는 지역감정이나 이념갈등, 세대갈등은 모두 과도기적인 현상이다. 이는 과거 식민지시대부터 내려온 한국인 스스로에 대한 부정적 인식, 군사독재시대의 일부 유산, 그리고 특정 정치목적을 가진 정치꾼들의 선동 등이 뒤엉켜 일어나는 것이지만 결코 심각한 수준은 아니다. 다만 단일민족과 혈통을 지나치게 중시하는 문화로 인한 입양아 수출, 혼혈인에 대한 편견과 차별 등의 문제는 우리가 극복해야 할 대상이다.

한국은 이미 긍정적인 변화를 이뤄왔으며 앞으로도 더욱 발전적인 방향으로 변화할 것이다. 노인에 대한 경로사상은 고령화 사회의 안전판 역할을 할 것이며, 가족문화는 별도의 사회적 안전망 구실을 할 것이다.

앞으로 좋은 시스템과 리더십만 뒷받침된다면 한국인의 배려, 나눔의 문화는 빈부격차를 줄이고 부의 자연스러운 이동을 확산시키는 동력이 될 수 있다. 또한 종교갈등이 없는 한국에서 종교인이 한국 사회의 톨레랑스의 발전을 위해 더욱 기여할 수도 있을 것이다.

2001년에 뽑은 '올해를 빛낸 한국인' 심사를 맡았던 알리안츠 제일생명의 미셸 캉페아니 사장은 이렇게 말했다.

"내가 만난 한국인 중에는 자신이나 한국인 전체 혹은 대한민국에 대해 의외로 자부심이 약하고 평가에 인색한 사람이 많았다. 그러나 한국인은 자신들이 얼마나 정과 사랑이 많고 아름다운 민족인지 스스로 되새길 필요가 있다. 이것은 헛된 자부심이나 교만이 아니다. 민족의 역량을 제대로 평가하는 당연한 '권리' 다."

21세기는
한국이 리드한다

박정희는 김대중이다

좌·우를 넘나드는 정책, 한국형 경제성장의 비결

대통령 아들이 감옥 가는 '부패 공화국' 봤어?

한국 여성, 기지개를 펴다

박정희는 김대중이다

박정희와 김대중은 기질, 인생, 업적, 지지자 등 여러 가지 면에서 대조적이다. 박정희는 일제시대 교사직을 거쳐 일본군 장교생활을 했다. 독립 후에는 국군에 투신하여 장군까지 됐고, 이후 쿠데타로 정권을 잡아 죽을 때까지 대통령으로 살았다. 단순히 직업을 통해서만 보자면 박정희는 평생 양지의 길을 추구했다고 볼 수 있다.

반면 김대중은 청년시절 잠깐의 사상적 방황(좌익)과 사업가로서의 경력을 제쳐놓고 보면 대통령이 되기 전까지 온갖 고초에도 불구하고 야당 정치가로서 일관된 삶을 살아왔다. 인생 역정을 놓고 보면 김대중은 자기 신념을 위해 음지의 길도 서슴지 않고 걸어갔다.

박정희가 목표달성을 위해 수단과 방법을 가리지 않는 냉혹한 전사기질의 소유자라면, 김대중은 양심과 원칙에 따라 행동하려는 강직한 선비기질의 소유자다. 박정희 지지 세력이 지역적으로 영남권, 이념적으로 보수주의자인 반면, 김대중 지지 세력은 호남권에, 진보주의자가 많다. 박정희가 한국의 산업화를 성취한 반면, 김대중은 민주화를 이뤄냈다.

두 사람에 대한 평가는 극명하게 갈린다. 양쪽 지지자들은 서로 자기네가 한국사의 명(明)이고 상대방이 암(暗)이라고 주장한다. 자기네가 한국 현대사를 이룬 주역이며 상대방은 문제점을 양산한 주범이라고 손가락질한다. 과연 누가 주역이고 누가 주범인가?

나는 박정희와 김대중, 김대중과 박정희로 상징되는 한국의 양대 세력이 지금의 한국을 만든 주인공이자 동시에 문제를 야기한 당사자라고 생각한다. 이들 두 세력의 대조적인 성향과 역할로 인해 한국은 이만큼 발전하고 또 후퇴도 했다.

박정희와 김대중은 당대(當代) 숙명의 라이벌이자 견원지간(犬猿之間)이었다. 그러나 역사적으로는 이미 화해한 사이라고 생각한다. 훗날 역사가들은 한국의 성취와 관련하여 이 두 사람의 관계와 역할을 '떼려야 뗄 수 없는 불가분의 동지적 관계' 내지는 '역사적 동반자'로 평가할 것이라 확신한다. 두 사람의 대조적인 면이 숨 가쁜 시대적 상황과 맞물리면서 창조적 스파크 현상을 일으켜 후퇴가 아닌 발전을, 실패가 아닌 성공의 역사를 만들어왔기 때문이다.

동전의 양면 같은 존재

당대 두 사람의 관계에 있어서 박정희와 김대중의 역할은 극명하게 갈린다. 박정희는 가해자고 김대중은 피해자였다. 박정희는 1971년 대선 때, 김대중의 발군의 실력을 본 후부터 그를 미워하고 집중 탄압했다. 그의 증오심은 추종세력에게도 전파돼 전두환 정권은 김대중에게 사형선고까지 내리며 탄압의 고삐를 늦추지 않았다.

1987년, 민주화가 이뤄질 때까지 김대중은 만 16년간 온갖 고초와 탄압을 받았다. 김대중 입장에서 박정희는 잔인한 독재자 이상도 이하도 아니었을 것이다.

반면, 박정희 입장에서 보면 김대중은 무책임한 선동가였다. 김대중의 언변과 술수는 자신이 목숨을 걸고 이룩하려는 한국의 산업화를 뿌리째 뒤흔드는 것이었다. 박정희에게 대중을 열광케 하는 김대중의 정치적 비전은 그럴듯한 양심과 명분으로 포장된 공허한 관념론으로 보였다. 때문에 박정희는 특별한 죄책감 없이 김대중을 탄압했을 것이다.

그러나 이 무슨 아이러니인가. 김대중은 박정희의 탄압으로 더욱 입지를 굳혔다. 박정희가 김대중을 '표적 탄압' 함으로써 김대중은 '안티 박정희' 세력들을 규합할 수 있었던 것이다. 물론 호남의 확실한 지지기반도 얻었다. 더욱이 박정희 정권이 자신을 죽이려고 일본에서 납치소동을 벌일 때, 구출과정에 미 CIA까지 개입하는 바람에 국제적으로도 주목받는 인물로 부각되었다.

만약 박정희가 김대중을 그토록 가혹하게 다루지 않았다면 김대중은 그저 한국의 현대 정치사에서 명멸한 여느 야당 정치인과 비슷한 길을 걸었을지도 모른다. 박정희의 탄압이 결과적으로 김대중에게 정치적 축복이 된 셈이다.

이는 박정희도 마찬가지다. 김대중이 존재함으로써 박정희도 존재한다. 한강의 기적은 단순히 박정희의 몫만은 아니다. 그것은 김대중과 김영삼을 주축으로 하는 민주화 세력의 끊임없는 견제가 있었기에 가능한 일이었다.

박정희 정권의 철권정치에도 굴하지 않고 계속된 민주화 요구, 정부의 실정(失政)에 대한 줄기찬 항거 덕분에 산업화 세력은 끊임없는 자기비판과 수정을 해가며 제 궤도를 달릴 수 있었다. 인도네시아, 필리핀, 미얀마 등 개발도상국의 권위주의적 정치권 밑에서 흔히 발견되는 '독재자 중심의 부정부패' 가 한국 사회에서 현저하게 적었던 것도 같은 이유에서다.

당초 쿠데타로 집권함으로써 정통성에서부터 문제가 있었던 박정희 정권은 경제발전을 통해 자신의 정통성을 확립하려 애썼다. "내 무덤에 침을 뱉어라"라는 말이 상징하듯 박정희는 시대적 사명 완수를 위해 악역을 서슴지 않았다. 만약 김대중이 박정희 정권의 압박에 좌절하고 말았다면, 박정희의 역사적 승리 또한 좌절되었을 것이다.

우리는 한국과 정반대의 경우를 북한에서 찾을 수 있다. 북한의 김일성은 천수(天壽)를 누렸다. 공산국가에서는 거의 유일무이하게 권력을 자기 아들에게 넘겨주고 세상을 떠났다. 현세적 의미에서 그는 박정희와 비교할 수 없을 정도로 행복하게 살았고 성공한 정치가로 인생을 마감했다. 그러나 그는 자신의 '안티세력'을 완벽하게 제거함으로써 제 무덤을 팠다. '북한의 김대중' 같은 인물의 등장을 원천봉쇄함으로써 자기 권력의 '브레이크'를 제거해 버린 것이다. 그리고 그 짜릿한 스피드감에 도취되어 있다가 저 세상으로 갔다. 헐벗고 굶주린 2천만 명의 인민을 남겨 놓은 채….

"God Bless Korea!"

한국에 대한 역사적 축복은 1997년 말 찾아온 IMF 위기 때 또다시 재현됐다. 그 위기는 한국이 지난 30여 년간 목숨 걸고 쌓아온 경제적 성취를 일순간에 허물어뜨릴 수 있는 '금융 쓰나미'였다.

당시 국고는 텅 비어 있었다. 이른바 모라토리엄이라고 불리는 국가부도 위기 상태였다. 빌린 돈을 갚지 못하면 국가 역시 일반 회사처럼 부도를 낼 수밖에 없다. 만약 부도가 난다면, 한국의 국가신용도는 추락하고 외국은행과 빚쟁이들이 몰려와 국가의 재산을 차압하는 사태가 벌어질 터였다.

그 위험한 순간에 혜성같이 등장한 이가 방금 대선에서 승리한 김대중이었다. 그는 뛰어난 국제 감각과 외교술로, 돈 줄을 쥐고 있는 선진국 지도자들과 금융가들을 설득해 부채 지불유예를 성사시켰다.

아마도 이 '활극'을 보면서 가장 기뻐했을 이는 지하에서 잠자고 있던 박정희였을 것이다. 그가 일궈온 한강의 기적이 후임자의 어처구니없는 실수로 날아가게 된 절체절명의 상황에서, 자신에게 핍박을 받던 김대중이 구원투수로 등장해 일거에 전세를 역전시켰으니 말이다.

아마도 김대중이 천수를 마치고 저승으로 간다면 가장 먼저 달려와 악수를 청할 이가 바로 박정희일 것이다.

"김 대통령, 정말 고맙소. 이 은혜를 어떻게 갚아야 할지 모르겠구려. 내가 과거에 김 대통령께 한 행동을 생각하면 몸 둘 바를 모르겠소."

"무슨 말씀을… 아니 박 대통령께서 열심히 일하신 것이 다 나라와 국민을 위한 것이 아니었습니까? 제가 위기 때 나선 것도 나라와 국민을 위한 것일 뿐입니다."

아마도 이런 대화를 나누지 않을까?

역사를 굴러가게 하는 톱니바퀴

이미 언급했듯 박정희와 김대중은 판이한 기질과 철학의 소유자다.

박정희는 혁명을 일으킬 정도로 과단성 있는 지도자에 속한다. 기본적으로 승리, 영토확장, 생산증대를 추구하는 전사형으로, '잘 살아 보세'라는 대중적 슬로건이 말해주듯 경제와 실리를 중시하는 전략가다. 그러나 목표성취를 위해 독재도 불사하는 목표지상주의자다.

반면 김대중은 기나긴 인고의 세월을 견디며 민주화를 일궈낸 축적의 지도자다. 기본적으로 인간답게 사는 사회, 민주주의 구현을 추구하는 선비형으로 '행동하는 양심'이라는 개인철학이 말해주듯 양심과 법도를 중시하는 원칙주의자다. 그러나 여론을 우선시하다 보니 대중 인기영합의 포퓰리즘에 빠질 수 있다.

한국 현대사가 궁극적으로 축복받은 역사라는 것은 이 걸출한 두 인물의 등장 순서와도 관련이 있다. 만약 순서가 '박정희─김대중'이 아니라, '김대중─박정희'였다면 과연 우리나라 역사가 어떻게 전개되었을까? 어쩌면 대단히 어려운 상황 내지 공멸(共

滅)의 역사가 되었을지도 모른다.

1961년, 나약하고 무능한 장면 정권의 후임으로 김대중이 등장했다면 어떻게 됐을까? 당시 한국은 1인당 국민소득이 82달러에 불과한 최빈곤국이었다. 여기에 하루가 멀다 하고 시위가 벌어지는 혼란의 연속이었다. 먹을 것도, 공장도 없는데 사람들은 민주주의와 인권, 통일을 외쳤다.

이런 판국에 김대중 총리 내지 대통령이 등장했다면 어떻게 됐을까? 그는 박정희처럼 비합법적 수단을 쓰거나 억압적으로 국민을 통치하는 것에는 어울리지 않는 사람이다. 그러기에는 너무나 개명(開明)한 정치인이요, 합리적인 인물이다.

어쩌면 그 열화 같은 국민적 요구 속에서 고민하고 흔들리다가 결국 좌절하고 마는 실패한 정치인으로 기록되었을지도 모른다. 그가 모셨던 장면 총리의 길과 비슷하게 갔을 확률이 높다고 본다. 내가 개인적으로 아무리 상상해보아도 그런 상황에서 그는 돈키호테보다는 햄릿에 가까웠을 것 같다.

민주주의는 값비싼 제도로 두 가지 필요조건을 충족시켜야만 한다. 하나는 민주주의 제도와 절차에 필요한 사회 인프라요, 다른 하나는 민주주의를 할 만큼 각성한 국민들이다.

제대로 된 국민을 만들려면 빈곤 퇴치와 교육이 필수적이고 여기에는 돈이 들어간다. 민주 절차에 필요한 인프라를 건설하는데도 역시 돈이 필요하다. 돈 없이 민주주의를 시행하겠다는 것은 '사상누각(沙上樓閣)'에 불과하다.

　현재 민주화를 시행하고 있는 서방 선진국은 이미 수백 년의 준비과정을 거쳤다. '해가 지지 않는 나라' 영국은 19세기 제국주의시대 때, 세계의 수많은 나라를 식민지배하면서 부를 늘렸다. 그것도 모자라 산업혁명 초기 양산된 공장 노동자들을 마구잡이로 착취했다. 하루 15시간 이상의 중노동, 어린이를 비롯한 미성년자 노동착취, 임산부 불법 노동 등의 원조가 바로 영국을 비롯한 선진국이다.

　미국도 마찬가지다. 그들 역시 흑인을 노예로 삼아 착취하고 인디언들을 살육해 땅을 빼앗았다. 또한 중국인, 멕시코인 등 유색 인종들의 노동력을 착취해 부를 일궈 나갔다. 이렇게 해서 벌어들인 돈으로 민주주의 시스템을 만들고 자국민들을 교육시켜 지금의 선진화된 나라를 만들었다.

　그렇다면 나라도 작고 돈도 없고 자원도 부족한 지구상 최빈국 한국에서 취할 최선의 방안은 무엇일까? 어렵더라도 선진국의 법규나 절차를 준수하며 교과서적 민주주의를 추구할 것인가? 아니면 궁핍한 현실을 감안해 우선 민생고 해결에 주력할 것인가? 박정희는 후자를 택했다.

　아마도 김대중에게 박정희의 무자비한 추진력, 예컨대 피 끓는 젊은이들을 사지로 보내는 베트남 파병도 불사하는 강기(剛氣)를 기대하기는 어려웠을 것이다.

약간 핑크빛을 덧칠해 김대중이 4·19 이후 혼란스러운 상황을 극복하고 경제발전도 이뤘다는 낙관적인 가정을 해보자. 그래서 그 바통을 박정희가 이었다고 생각해보자. 과연 어떤 결과가 나왔을까?

나이로 따지면 박정희는 김대중보다 여섯 살 위다. 그러나 사고방식은 아주 다르다. 유교적 정신이 몸에 밴 박정희는 일본 메이지유신 때의 지사처럼 조국 근대화에 목숨을 건 19세기 계몽주의 시대형인 반면, 김대중은 민주주의를 신봉하고 선진국의 분배와 복지도 중시하는 20세기 민주주의 시대형이다. 그런 '19세기형' 박정희가 '20세기형' 김대중 뒤에 정권을 잡았다면 한국의 상황은 상당히 부정적으로 흐르지 않았을까 추정된다.

결론적으로 한국은 박정희라는 무자비하지만 걸출한 지도자가 나와 산업화의 기반을 닦고, 그 토대 위에 김대중이라는 민주적이고 국제적인 지도자가 나와 민주화를 공고히 해 국제적 신망을 높이는 상황이 됐다.

이것이 바로 한국의 축복이 아니고 무엇인가. 이런 점에서 산업화 세력은 민주화 세력에게, 민주화 세력은 산업화 세력에게 진정 어린 감사의 뜻을 표해야 한다. 결국 조국의 발전이라는 공동목적을 달성해나간 대장정이었으니까.

박정희와 김대중의 관계를 마무리하려면 한 가지 더 짚고 넘어

가야 할 것이 있다. 그것은 한국의 정통성 문제와 관련된 것이다.

중국은 마오쩌둥(毛澤東)과 덩샤오핑(鄧小平)이라는 두 걸출한 지도자를 통해 건국과 발전을 함께 이뤘다. 건국의 아버지 마오쩌둥이 중국의 정통성을 대표한다면, 경제발전의 주역 덩샤오핑은 실용성을 대표한다. 한 나라의 발전은 정통성과 실용성의 발전적 결합에 달려 있다. 북한에는 김일성이 정통성을 대표하지만, 그 뒤를 이을 실용성의 지도자가 없었다.

한국은 박정희라는 실용성을 대표하는 지도자가 있지만, 정통성을 대표하는 지도자에 대해서는 논란이 분분하다. 일부에서는 이승만 초대 대통령이 정통성을 상징한다고 하지만 그는 12년 집권 중 노욕과 무능력을 보여 국민들로부터 쫓겨나고 말았다.

한국의 부족한 정통성을 대표하는 지도자는 과연 누구일까? 이 의문에 가장 근접한 인물이 바로 김대중이다. 그는 명실상부한 한국 민주화의 상징이요, 한국 역대 정치가 중 국제적으로 가장 존경받는 인물이다. 더욱이 노벨 평화상까지 받았다.

그의 햇볕정책은 아직 넘어야 할 산이 많지만, 남북의 긴장완화를 위해 획기적 발판을 마련한 것은 분명한 사실이다. 한국을 미제의 괴뢰정권으로 비판하던 북한도 김대중 전 대통령에게만은 깍듯한 예를 갖추고 있다.

남북을 통틀어 김대중처럼 좌우를 어우르는 정치력, 통일을 향한 비전을 가진 정치가가 또 있던가. 그는 삶 자체가 한국 고난의 역사처럼 드라마틱하다. 그야말로 부족한 한국의 정통성을 대표하는 인물로 손색이 없다.

북한 지도부가 내부적으로는 박정희가 이룩한 경제발전과 지도력을 높이 사는 것은 공지의 사실이다. 김정일도 박근혜를 만났을 때 4천 년 가난에서 탈출케 한 부친의 공로를 찬양했다.

사실 박정희의 친일 이력과 사상적 방황은 그가 훗날 나라에 끼친 공로에 비교해 보면 미미한 잘못에 불과하다. 만약 지도자는 절대적 기준에 의해 단 한 가지 흠결도 없어야 한다면, 지구상에서 존경받을 지도자는 한 사람도 없을 것이다.

21세기에 전 세계 10위의 경제력을 자랑하는 대한민국이 화합의 길로 가는 것은 필연적이다. 북한과의 관계 개선도 하는 판에 한국의 성취를 이끌어온 양대 견인차 세력이 힘을 맞잡고 가지 않을 이유가 어디 있는가.

박정희라는 '악역'이 있었기에 김대중이 악역을 하지 않고도 나라를 잘 이끌어갈 수 있었다. 마찬가지로 김대중의 '선방(善防)'이 있었기에 박정희의 악역이 단지 악역으로 그치는 것이 아니라, 조국을 위해 살신성인한 것으로 역사적 자리매김을 할 수 있었다. 박정희와 김대중, 김대중과 박정희는 굴곡 많고 고난에 찬 시절을 보냈으나 기적을 성취한 한국 현대사를 대표하는 두 이름이다.

좌·우를 넘나드는 정책, 한국형 경제성장의 비결

박정희로 대표되는 산업화 세력의 최대 목표는 경제발전이었다. 때문에 그들은 국부(國富) 증진에 온 역량을 집중했다. 이 과정에서 민주주의나 인권, 복지 문제 등은 소외됐다. 먹고사는 문제해결에 치중하다 보니 시대적 우선순위에서 밀려난 것이다. 결국 박정희·전두환 시대에는 경제발전은 성공했으나 민주주의는 실패하고 말았다.

김대중으로 대표되는 민주화 세력의 최대 목표는 민주화 개혁이었다. 군사독재로 훼손된 민주주의의 근간을 바로잡고 왜곡된 정치, 사회, 경제 질서를 정상화하는 데 역량을 집중했다. 이 과정에서 경제성장과 국가 동력 등은 주춤했다. '안티 박정희' 식 개혁에 치중하다 보니 박정희 시대에 축적된 성장 노하우와 시스템은 각광받지 못했다. 결국 김영삼 · 김대중 · 노무현 시대에 민주주의는 만개하고 개혁은 어느 정도 성공했으나 경제발전은 부진을 면치 못하고 있다.

지금 '한강의 기적' 은 주춤거리고 있다. 아직 선진국에 진입하지 못한 것은 물론, IMF 위기 때는 황천길에 빠질 뻔도 했다. 1995년에 국민소득 1만 달러를 돌파하고 9년 뒤인 2004년에 1만 5천 달러를 기록했지만 그동안 물가상승을 감안한 실질소득 면에서는 아직 1만 달러 수준이다. 제대로만 했다면 우리는 벌써 2만 달러를 넘어 3만 달러를 향해 달려가고 있을 텐데 말이다.

최근 몇 년간 저투자, 저성장, 고실업이 계속되고 있다. 외국자본 등 대외의존도는 늘어났고, 내수부진과 빈곤화가 일어나고 있다.

보다 구체적으로 말하면 과거에는 기업투자가 왕성했고 경제성장은 세계 최고 수준이었지만, 지금은 기업투자가 떨어지고 경제성장은 4퍼센트 대에 머물러 있다. 과거에는 경기가 좋고 취업이 잘 되었지만, 지금은 경기가 위축되고 실업난이 심각하다. 과거에는 빈부문제가 OECD 국가 중에서도 가장 양호한 편에 속했는데, 지금은 '양극화' 현상이 나타나고 있다. 과거에는 평생직장이나 은퇴 후 노후생활이 보장되는 사회였는데, 지금은 해고 걱정에 기댈 언덕도 없어 불안할 뿐이다.

대체 왜 이런 일들이 일어난 것일까? 빈곤 및 불평등 해결, 경제 자주 실현의 목표를 가진 민주화 운동 세력이 집권했는데 도리어 이해할 수 없는 일들이 벌어지고 있다. 경제부문만 떼어놓고 본다면 한국은 군부독재시절보다 훨씬 더 강하게 외국의 영향을 받고 있다. 대체 왜 그럴까? 원인이 무엇일까?

국익을 위해 모든 것을 한 줄로 세우던 시대

박정희는 친미·반공·군부독재를 대표하는 강성 우파 리더다. 하지만 그는 경제정책을 추진할 때 이데올로기에 구애받지 않고 좌·우를 넘나드는 정책을 폈다. 서구식 시장자유에 맡기지 않고 철저히 시장에 개입하는 한편, 때로는 자본주의를 무시하고 사회주의에 가까운 정책을 펼쳤다. 필요하다면 8·3사채동결 조치처럼 사유재산을 침해하거나, 아시아자동차 강제 합병처럼 재벌 재산도 빼앗는 '빨갱이' 식 정책도 구사했다. 이른바 '국가 주도형 경제개발'의 참모습이다.

물론 '외국의 자본·기술 도입→물건제조→수출→외화소득→재투자→고급기술 도입→확대재생산'의 수출 주도형 성장전략은 기본적으로 자유시장 경제를 지향하는 정책이다. 그러나 박정희는 시장자율에만 맡기지 않았다. 경제개발 초기 단계부터 직접 개입해 기업에 자금을 배분하고 업종을 지정해줬다. 기업이 돈을 벌면 함부로 쓰지 못하게 하고 신규사업에 확대 투자토록 했다. 설탕을 만들던 삼성이 전자·반도체로, 건물 짓던 현대가 자동차·조선에 뛰어든 것도 박정희의 강권에 의해서다.

당시 '난쟁이' 한국 기업들이 자유경쟁 체제로 '거인' 외국 기업들과 싸웠다면 백전백패였을 것이다. 이로 인해 정부는 대외적으로 기업을 철저히 보호하는 이중정책을 썼다.

우선 외국으로부터는 돈과 기술을 빌려 쓰면서도 외국 자본의 국내 진출은 허용하지 않았다. 남미나 아프리카처럼 외국 기업이 들어와 국내 산업을 장악하는 사태를 막기 위해서였다. 이를 위해 금융시장을 철저히 통제했다. 국내 자본의 해외 유출은 엄격히 제한했고, 외국서 들어오는 돈도 꼼꼼히 체크하고 통제했다. 그뿐 아니라 수출은 하면서도 수입은 규제했다. 수출용 원자재 수입은 허락했지만, 불요불급한 소비재 수입은 규제했다. 따라서 한국의 부자들은 외제차도 마음대로 탈 수 없었다.

약소국 한국은 이처럼 국가가 개입한 반 시장적 경제정책을 통해 외국 선진자본의 기술에 맞서 효율적으로 경제성장을 이룰 수 있었다. 흥미로운 점은 박정희식 개발 모델에 마르크스적 영향이 배어 있다는 것이다.

젊은 시절, 박정희는 공산주의자에 가까웠다. 한국처럼 경제성장에 성공한 싱가포르, 대만 등에서도 사회주의에 가까운 정책이 발견된다. 원래 사회주의자였던 리콴유(李光曜)가 건설한 싱가포르의 경우 토지는 모두 국유화되어 있고, 주택과 기업 대부분도 공공화되어 있다. 대만 국민당 체계도 소련 공산당을 모방한 측면이 강하고 삼민주의도 시장주의와는 거리를 둔 체제다.

서구식 자유시장 경제 체제는 사실 선진자본과 기술이 있는 측에게 유리한 제도다. 이런 것을 간파한 박정희는 이자를 주고 외국 자본과 기술을 빌려 쓰기는 했지만, 외국 자본의 국내 진출은 철저히 차단했다. 덕분에 국내 경제주권을 확실히 지킬 수 있었다. 소위 운동권의 주장대로 '외세와의 결탁'이 아니라 '외세를 이용한' 정책이었고 '반민족'이 아니라 '민족적'이었다. 재벌은 외국 거대 기업과 싸우는 일종의 '민족자본' 격이었다.

박정희는 노동자에게도 가혹했지만, 자본가에게도 무자비했다. 그들이 벌어들인 돈의 소비, 투자, 대외유출 등을 일일이 통제했고, 정부 정책에 따르지 않는 기업은 잔인하게 무장 해제시켰다.

박정희는 반민주, 반시장, 반자유주의자였다. 그의 단 한 가지 목표는 조국의 국부 증진이었다. 이를 위해 민주주의도 시장도 노동자도 자본가도 외국의 거대 자본도 심지어 강대국도 필요에 따라 이용했을 뿐이었다. 만약 이익이 되지 않는다면 가차없이 무시하거나 문을 닫거나 폭력을 휘둘렀다. 국가를 부강하게 만들 수만 있다면 좌도, 우도 없었고 적과 동지도 없었다. 그것이 박정희식 경제성장의 비결이요, 유산이기도 하다.

과거의 리더십에서 써먹을 만한 것은 취하라

민주화 정권은 박정희 정권과 달리 민주, 시장, 자유주의를 적극적으로 추구했다. 이 점에서는 명백한 우파다. 그러나 박정희 정권보다 북한에 호의적이고 미국에 자주적이며 노동자와 분배·복지를 중시한다는 점에서 진보·좌파로도 평가받는다. 그런데 아이러니하게도 박정희 정권보다 '진보적'인 민주화 정권이 취한 경제정책이 훨씬 더 '보수적'이었다.

서구 자유시장 경제원칙을 철저히 존중해 시장에 맡기고 국가는 개입하려 들지 않았다. 때로는 국익보다 금융자본가와 시장경제를 더 중시하는 정책이 나오기도 했다. 외국 자본이 들어와 기업의 인수·합병(M&A)을 통해 한국 기업들을 마음대로 사고팔아도, 기업들이 단기 수익성에 집착해 투자와 노동자를 줄여도 '시장이 선(善)'이라며 사실상 방관했다. 이것이 '민주화 정권 주도형 경제개혁'의 일면이었다.

물론 외국 자본으로부터의 경제종속을 탈피하겠다고 주창하고 빈부격차 해소, 노동자 권리 강화, 복지정책 확충 등 일련의 사회주의 성격이 강한 정책도 지향했다. 그러나 '없는 자'를 위한다는 목소리만 컸을 뿐 실효성 있는 정책을 만들어 추진하지는 못했다. 대부분 시장의 자율성에 맡겨 버렸다. 소버린 같은 외국 투기자본이 SK그룹을 집어삼키려 해도, 금융기관들이 기업대출보다는 주택담보대출로 사실상 부동산 투기 붐을 조성해도,

기업들이 신규 취업을 억제하고 비정규직 노동자들을 늘려도 정부는 개입하지 않았다.

민주화 정권의 이러한 자세에는 불가피한 측면도 있다. 1993년 김영삼 정권이 들어섰을 때 세계는 이미 '개방화', '세계화' 추세였다. 이른바 시장에 모든 것을 맡겨야 더 번영한다는 미·영 주도의 신자유주의 질서를 한국도 따라가지 않을 수 없었다. 더구나 민주화 정권으로서 지난 수십 년간의 군사독재 잔재를 씻어내려면 대대적인 개혁이 필요했다. 국제적으로 신자유주의 물결과 국내적으로 반독재 개혁이라는 명분은 자연스럽게 '안티 박정희'라는 측면에서 서로 접점을 찾았다.

"박정희 유산은 나쁜 것이니 버리자!"

이후, 경제정책은 박정희 시대 버전과 정반대로 진행됐다. 더 이상 정부는 기업을 보호하지 않았고, 오히려 기업은 개혁 대상이었다. 특히 재벌은 더했다. 과거에 철저히 통제되던 금융시장도 완전 개방됐다. '관치 금융'이 구시대의 악으로 전락하면서 투기성 펀드를 비롯해 외국 자본이 물밀듯이 한국으로 몰려들었다. 국내 기업들이 외국 돈을 흥청망청 빌려 쓰는 와중에 IMF 위기가 터졌다. 이 틈을 타 외국 자본이 국내 굴지의 금융기관이나 기업들을 마구 사들였다. 수입도 자유화돼 이제 돈만 있으면 외제차를 굴리고 호화 수입가구로 치장하고 살 수 있는 세상이 됐다.

박정희식 ‘반 시장적’ 경제정책이 ‘친 시장적’ 경제정책으로 개혁되면서 상당한 성과를 이룬 것 또한 사실이다. 우선 정경유착, 부실경영을 비롯해 음습하고 전근대적인 경제관행이 타파됐다. 기업의 수익성이 늘고 투명성이 제고됐으며 경제 각 부문의 글로벌 표준이 향상됐다.

그런데 우리는 지금 심각한 의문에 봉착해 있다. 개혁이 되었다면 당연히 기업의 경쟁력이 살아나고 국민 경제가 좋아져 일자리가 늘어야 할 텐데 도무지 그럴 기미가 안 보인다. 또한 빈부격차가 줄어들어 선진국으로 성큼 도약해야 하는데 현실은 그렇지 못하다. 오히려 정반대로 가고 있는 것이 아닌가.

일부에서 주장하는 대로 국가의 투명성이 높아졌다면, 국가의 경쟁력도 향상되었는가? ‘주식회사 코리아’의 파워가 살아나고 있는가? 안타깝게도 이런 질문에 대해 많은 사람이 부정적 의견을 보인다. 그렇다면 대체 무엇을, 누구를 위해 개혁했단 말인가.

민주화 정권이 경제정책에 실책을 범하게 된 이유는 확실한 비전과 냉철한 현실 진단, 면밀한 처방책 없이 단순히 ‘안티 박정희’로 일관했기 때문이다. 박정희식 경제 모델에는 많은 문제점도 있지만, 분명 ‘한강의 기적’을 이뤄낸 약소국의 피땀 어린 고뇌와 노하우가 담겨 있는데 이를 제대로 활용하지 못한 것이다.

사실, 지금 서방이 주도하는 신자유주의는 선진 자본과 기술을 가진 측에게 유리한 제도다. 기본적으로 강자만이 살아남는 체제이자 저성장 체제다. 노동시장 유연화로 노동자를 마음대로 해고할 수 있고, 자유무역으로 농산물시장을 전면 개방하는 시스템은 약인 동시에 독이다. 오늘날 세계 도처의 경제 양극화 현상도 신자유주의와 무관하지 않다. 그러나 우리는 이를 세계적 질서, 시대적 대세로 여기고 고민 없이 받아들여 한국 경제에 적용했다.

결과적으로 민주화 정권은 국내 기업, 자본가에게도 너그럽지 못했을 뿐 아니라 노동자, 농민, 빈민들에게도 친절하지 못했다. 한국에서 기업하기는 더 어려워졌지만 서민들의 살림살이는 훨씬 더 팍팍해졌다. 그토록 외세 종속을 비판하고 경제적 독립과 자주를 강조해왔음에도 불구하고 경제에 관한 한 외국 정부와 자본에 더할 나위 없이 친절한 정책들을 채택하는 아이러니를 범하고 말았다. 이것이 김영삼·김대중·노무현 정권의 경제개혁의 공과다.

그렇다고 비관할 필요는 없다. 산업화 정권이 집권한 지난 30여 년 동안 숨 가쁘게 고도성장을 이룩했다면, 민주화 정권의 지난 10여 년은 호흡을 가다듬고 자신을 돌아보며 내실을 기해 온 충전 기간이자 개혁의 시기였다. 속도가 다소 둔화되긴 했지만, 한강의 기적을 이룩한 파워 엔진은 여전히 강하며 최근에는 IT, BT(생명공학 분야), 한류 등으로 업그레이드를 마쳤다. 이제 남은 것은 재도약뿐이다.

　이를 위해 가장 필요한 것은 산업화 세력과 민주화 세력 간의 대통합이다. 경제발전을 이룩한 산업화 세력의 머리와 개혁과 분배, 평등을 부르짖는 민주화 세력의 가슴이 만나야 한다. 경제발전에 관한 한 박정희의 개발 모델은 지금도 참고할 만한 것이 많다.

　개방, 자율, 자유화 시대인 21세기에 어떻게 시대착오적인 박정희의 경제정책을 차용하느냐고 주장할 수도 있지만 그렇지 않다. 박정희는 정치적으로 우파지만 경제정책에서는 좌파정책도 과감하게 활용해 국부를 높였다. 얼핏 보면 친자본, 반노동 쪽으로 보이지만 실제로는 특정계급이나 계층, 이념에 구애받지 않고 전 국민의 부가 증진되는 성과를 이뤄냈다. 바로 지금 그런 성과를 낼 수 있는 정책이 필요하다. 빈부격차, 노동자, 농민, 부동산 문제 등 해결이 시급한 시대적 과제와 관련하여 좌·우 이념이나 빈부 계층에 구애받지 않는 유효한 정책들이 개발되고 추진돼야 한다.

　때로는 '친자본' 정책을 펴서라도 자본가들과 호혜적 관계를 이룬 뒤 그들로부터 실업, 분배, 복지 부문에서 전폭적인 양보를 끌어낸다거나, 반대로 '반자본' 정책을 펴서라도 노동자들로부터 전향적인 타협을 받아내는 식의 과감한 정책 발상의 전환이 이뤄져야 한다. 모든 문제를 정부가 개입해 풀어나가겠다는 것은 시대착오적인, 옳지 못한 방법이지만 그렇다고 시장의 '보이지 않는 손'에 모두 맡긴다는 것 또한 무책임하기 짝이 없다. 모든 문제를 '가진 자'의 탓으로 돌려서도 안 되지만 '노동자'나 '농민'의 양보만을 강조하는 식에서 출발한 정책은 결코 유효한 결과를 빚어내지 못한다.

보수든 진보든 지금 한국의 모든 정치, 사회, 경제 세력들이 과거와 현재에 대한 인식에서 그리고 미래에 대한 전략 설정에서 아이러니와 모순의 늪 속을 허우적거리는 이유는 우리 사회에 만연한 지독한 이분법 때문이다. 민주화 세력은 산업화 세력의 성취를 끊임없이 비난하고, 산업화 세력은 민주화 세력의 시대적 요구를 끝없이 폄하하고 있다.

지금은 그 어느 때보다 우리 사회의 다양한 힘과 욕구가 분출되는 21세기 상황을 직시하고 공정한 선도자와 중재자 역할을 하는 리더십이 절실히 필요하다. 국제관계에 있어서 글로벌 기준과 국제적 요구 압력을 중시해야 하지만, 결코 순종만 해서는 안 된다. 때로는 우리의 국익을 위한 독자적인 독창성이나 정책도 필요하다. 하지만 최근 들어 우리의 국제관계는 실리보다 명분에 치중하는 것 같다. 경제적으로 양보 못할 사안에 대해 부드러운 반면, 정치적으로 잘 해결할 사안에 오히려 강하게 나오는 '엇박자' 외교를 볼 수 있는 것이다.

아시아에 금융위기가 닥쳤을 때, 말레이시아의 총리 마하티르

(Mahathir bin Mohamad)가 서방국과 선린관계를 유지하면서도 금융개방이 아니라 폐쇄정책을 강행해 위기를 넘겼다거나, 최근 러시아가 국제무대에서 서서히 에너지를 정치 무기화하고 있는 행태에 주목할 필요가 있다.

대한민국은 민주주의를 추구하는 나라다. 전 국민이 고루 행복하게 살 수 있는 나라를 추구한다. 이를 실현하기 위해서는 계층, 이데올로기, 국경을 넘어 국익이 더 중요하다는 데 공감대를 형성해야 한다. 지혜로운 리더십, 실행에 옮길 수 있는 능력 있는 리더십이 절실한 상황이다.

대통령 아들이 감옥 가는
'부패 공화국' 봤어?

한국의 부패가 심한가? 그렇기도 하고 그렇지 않기도 하다. 부패가 심하다는 얘기도 맞고, 심하지 않다는 얘기도 맞다. 뭐 그런 말이 있느냐고 화를 내는 사람이 있을지도 모르지만, 이건 사실이다. 세상에 돈 싫어하는 사람이 어디 있겠는가? 그런 탓에 부패는 인간 사회에 필수적으로 따라다닌다. 문제는 정도의 차이다.

부패는 나라의 경제적 수준, 시스템, 역사, 관습 등에 따라 천차만별이다. 대체로 잘 살고 사회 투명성과 시스템이 확립된 선진국은 덜 부패한 반면, 그렇지 못한 후진국은 더 부패한 편이다. 보다 좁혀 말하자면 부패는 1인당 국민소득 수준과 크게 다르지 않다. 예컨대 2004년 한국의 1인당 국민소득은 세계 49위를 기록했는데, 국제투명성기구(TI)가 조사한 한국의 청렴성 순위(CPI·부패인식지수)는 47위였다.

후진국을 상대로 사업을 하는 비즈니스맨들은 출장을 갈 때 많지는 않지만, 별도의 돈을 준비한다고 한다. 그 나라 세관이나 출입국관리소, 경찰, 헌병, 관계 부처 직원들에게 집어줄 '급행료' 내지 '떡값' 이다. 한국의 어느 대기업 간부의 말이다.

"나는 급행료를 일종의 '후진국 세금' 으로 여긴다. 가난한 나라에서 장사하는 데 따르는 작은 경비로 생각한다. 우리보다 부패가 심하다고 그들의 천성이 원래 못되고 나쁘다고는 생각하지 않는다. 가난하고 사회 시스템이 후진적이면 부패가 더 심할 수밖에 없는 것이 세상사다. 한국 사회도 과거에 얼마나 부패가 심했었나."

부패 문제를 놓고 너무 우리끼리 자학하거나 비하할 필요는 없다. 단지 시간이 좀 필요할 뿐이다. 지금의 우리에게 미국이나 영국 등 선진국 기준을 적용해 놓고 "왜 우린 그렇게 못되지"라면서 스스로를 깎아내리는 데 열중할 필요가 어디 있는가. 과거에는 선진국들도 부패 문제로 골머리를 앓았으며, 이 같은 부패 추방에는 여러 요인들이 복합적으로 작용하므로 시간이 걸린다는 사실을 이해해야 한다.

부패와 관련하여 나는 한국의 미래를 상당히 희망적으로 본다. 민주화 이후, 십수 년간 엄청난 부패 추방운동을 벌인 한국은 과거에 비해 엄청 깨끗해졌고 앞으로도 더욱 깨끗해질 것으로 믿는다. 만약 한국의 부패가 과거에 비해 확실히 나아졌는가를 묻는다면, 내 대답은 "Absolutely, Yes!(그럼, 확실하고말고!)"다.

부패 청산 시스템을 가동하는 데는 시간이 필요하다

과거에 한국은 부정부패가 심했다. 특히 구한말 권세층의 부정부패는 극에 달했다. 당시 한국을 방문했던 이사벨라 버드 비숍 등 외국인들은 그 부패상을 신랄하게 지적했다.

"주인마님은 남아프리카의 다이아몬드 반지를 끼고 있다. 남편은 스코틀랜드 위스키와 프랑스의 샴페인, 코냑을 두루 갖춘 채 영국제 시거를 물고 있다. 집 안에는 수단제 카펫이 깔려 있고 벽에는 프랑스제 시계와 독일제 거울이 걸려 있다. 탁자는 미국서 수입한 것이다."

"관아에는 한국의 생명력을 빨아먹는 기생충이 우글거렸다. 티롤 모자를 쓰고 푸른색의 조잡한 면직 제복을 입은 군인과 포졸, 문필가, 부정한 관리, 늘 일에 쫓기는 척 가장하는 전령이 그들이다. 작은 방마다 사람들이 몰려 앉아 긴 장죽에 담배를 피우고 있다. 옆에 서예 도구를 놓고서…."

"한국의 관리들은 잔인하다. 마지막 한 사람까지 부패했다. 행정은 썩을 대로 썩었다. 착취가 만연해 사람들은 일할 동기를 잃었다. 그 결과 나태가 만연하고 좋은 땅이 방치되고 있다. 생존에 필요한 만큼만 생산하고 있는 실정이다. 지위고하를 막론하고 모든 관리가 습관적으로 수탈과 횡령을 자행하고 있다."

영국의 정치인 조지 커즌은 1893년 한국을 방문한 후 "이 작은 나라는 독립을 유지하기에는 너무나 부패했고, 독립을 통해 이득을 얻기에는 너무나도 쇠약하다"라고 진단했다. 미국 선교사 호머 헐버트 역시 "관찰사 자리가 5만 달러에 매관(賣官)되고 현감이 500달러에 거래되며 그 밑에 아전이 횡포를 부리고 있다"고 현장을 고발했다.

부패 피라미드의 꼭대기에는 국왕 고종이 있었다. 부정의 상납금은 그에게로 갔다. 부정은 워낙 넓게 퍼져 심지어 을사늑약 체결에 항의해 자결한 순국열사 민영환도 부정축재자로 손가락질을 받았다. 동학 난을 일으킨 녹두장군 전봉준이 그를 중앙 탐관오리의 대표로 거명했을 정도였다. 서울대학교 박지향 교수는 일제침략에 대항해 목숨을 바친 민 충정공(忠正公)에게 이런 숨겨진 면이 있었다는 사실은 놀라운 일이라고 자신의 저서 『일그러진 근대』에서 밝혔다.

그러나 부패는 후진국만의 전유물은 아니다. 지금은 깨끗한 척하는 미국 등 선진국도 자본주의 산업화 시대에 접어들면서 더욱 기승을 부리는 부패에 골머리를 앓았다. 미국은 마피아의 뇌물에 놀아났다. 금주법(Prohibition)이 시행되고 대공황이 닥친

1920~1930년대에 알 카포네(Al Capone)는 시카고의 ‘밤의 대통령’이었다. 시카고시장, 형사(刑事)위원회 위원장, 경찰청장, 판·검사들은 모두 알 카포네가 제공하는 ‘촌지’를 받아 챙겼다.

대통령을 꿈꾸는 윌리엄 해일 톰슨(William Hale Thompson) 시장 등은 도리어 적극적으로 손을 벌렸다. 시카고 전 경찰직원의 60퍼센트가 마피아가 경영하는 밀주사업에 관여했다. 알 카포네가 경찰에 살포한 뇌물만 연 3천만 달러였다고 한다. 이는 당시 시카고 경찰관 봉급 총액의 절반가량이었다. 마피아는 시카고 지역 91개 노조도 장악했고, 소도시시장에는 조폭 중간급 보스를 앉혀두었다.

미국 제일의 도시 뉴욕도 대동소이했다. 1930년대만 해도 뉴욕시장이 경찰청장을 임명하려면 반드시 마피아 두목들과 상의해야 했다. 각종 범죄사업을 묵인받는 대가로 뉴욕 마피아들은 연 1억 달러 이상을 관리들에게 쏟아 부었다. 당시 1억 달러면 지금의 수십억 달러 이상에 해당하는 어마어마한 액수다. 이러한 사실은 미국 내 조폭 전문 저널리스트 리차드 햄머(Richard Hammer)가 쓴 『사진과 함께 보는 조직범죄의 역사』에 자세히 나와 있다.

이런 상황은 한동안 이어졌고, 시간이 흐르면서 조금씩 개선되어 갔다. 미국의 전설적인 대통령, 존 F. 케네디 역시 1960년 대통령에 당선될 때 마피아의 도움을 받았다는 사실은 잘 알려져 있다. 그러나 보스턴시장과 주영대사를 지낸, 케네디 대통령의 아버지 조셉 케네디가 아들의 당선을 위해 금권선거를 지휘했다는 사실은 잘 알려지지 않은 내용이다.

이는 같은 보스턴 출신으로 그들의 정치적 동료였던 토마스 오닐(Thomas Philip Tip O' Neill, 1912~1994) 전 하원의장이 은퇴 후 증언한 내용이다. 케네디와 닉슨이 대선에서 맞붙었을 때 케네디 아버지가 10달러, 100달러 지폐가 든 현금 봉투를 돌렸다는 것이다. 한국의 조폭, 광주 서방파나 부산 칠성파 일당이 광주나 부산을 '접수' 해 시장과 경찰청장을 떡 주무르듯 할 수 있겠는가? 이처럼 한국서도 일어날 수 없는 어마어마한 부패가 과거 미국에서 일어났던 것이다.

지금도 잘하고 있지만, 더 잘하도록 함께 애써야 한다

1987년 민주화 이후, 마침내 한국의 음습한 부패 관행이 서서히 깨지기 시작했다. 여소야대 정국으로 야당의 정부 감시 기능이 부활했고, 시민단체 역시 권력기관이나 재벌 등 힘 있는 세력에 대한 감시, 견제 기능을 대폭 강화했다. 이로써 권력 내 유착 관계가 깨지기 시작했다.

1988년, 6공의 노태우 정권은 들끓는 여론을 등에 업고 5공 때의 부정적 인물들에 대해 대대적으로 손을 보기 시작했다. 이른바 5공 비리 수사였다. 이때, 나는 한국 사회에서 벌어지는 '뇌물의 사회학'을 결정적으로 깨달았다.

당시 대검 중앙수사부는 서울지하철공사 김재명 전 사장을 주시했다. 그는 전두환 전 대통령의 군 선배로 육군 소장 출신이다. 1981년 서울지하철공사 발족 때 초대 사장을 맡아 7년간 재임했는데 여론이 매우 부정적이었다. 검찰은 1988년 10월 김 사장을 이른바 '5공 비리' 수사 대상 1호로 지목했다.

그러나 아무리 뒤져도 나오는 것이 없었다. 알고 보니 김 사장은 오히려 청빈한 사람이었다. 엄청난 이권이 걸린 사업을 진행하면서도 막대한 '떡값'을 외면했다. 대기업 총수도, 국회의원 실세의 부탁도 원칙에 맞지 않으면 거절했다. 그러다 보니 온갖 악평과 험담이 그를 따라다녔다. 회사 내부에서도 김 사장이 워낙 무섭게 다루니까 반발자가 생겨났다. 결국 그의 불같은 성격과 원칙주의, 군대식 행동방식이 안팎으로 적을 만든 셈이다. 구속 여론이 워낙 강해 검찰은 그리 대단치 않은 혐의로 김 사장을 구속하긴 했지만 속으로는 찜찜해했다.

당시 검찰 수사관이 들려준 '한국의 수뢰공직자 유형 세 가지'는 이렇다. 첫째는 잘 먹고 잘 쓰는 사람이다. 돈을 먹지만 업무 처리가 확실하고 동료들과도 잘 나눠 먹으니 인기도 좋고 출세도 잘한다. 전두환 전 대통령 같은 인물이다.

둘째는 먹기는 하되, 쓰지는 않는 사람이다. 이런 구두쇠들은 대개 동료들의 손가락질을 받긴 하지만 업자들은 '언젠가 한 번은 도와주겠지'라는 기대감에 계속 공을 들인다. 노태우 전 대통령이 이와 비슷한 스타일이다.

셋째는 안 먹고 안 쓰는 사람이다. 어찌 보면 청백리감인데, 아이러니하게도 이런 사람이 바로 감옥에 갈 확률이 가장 높다. 왜냐하면 업자들을 만나주지도 않고 로비도 안 통하니 원성의 대상이요, 주변 동료들에게도 '눈엣가시'다. 때문에 당사자를 쫓아내기 위해 온갖 루머와 투서가 횡행하게 된다는 것이다. 불행하게도 5공 비리로 구속된 김재명 사장이 이런 스타일이었다.

1993년, 김영삼 대통령이 취임하면서 '부패와의 전쟁'은 본격화됐다. 32년 만에 군사정권의 종지부를 찍고 '문민정부'를 출범시킨 김 대통령은 출범 직후인 2월 27일에 재산공개, 3월 4일에는 정치자금 수수 거부선언 등을 했다. 그리고 4월 들어서면서부터 '성역 없는 사정(司正) 작업'에 착수했다.

이어 건국 후, 무풍지대였던 군의 고질적인 인사 및 율곡사업(군 전력 현대화사업) 비리도 파헤쳐졌다. 이런 과정을 통해 국회의장, 장관, 참모총장, 검사장 등 기라성 같은 권력층이 감옥에 가거나 옷을 벗었다. 이런 조치는 군사정권 시절에는 상상조차 할 수 없던 일이었다. 고삐는 늦춰지지 않았다.

그 해 8월 12일, '단군 이래 최대 개혁'으로 일컬어지는 금융실명제가 전격 도입됐다. 이 제도는 결국 2년 뒤 진가를 발휘해 전직 대통령들과 대통령의 아들들을 줄줄이 감옥에 보내버렸다.

지난 10여 년간 전 세계 어디를 둘러봐도 한국처럼 치열하게 부패 추방운동을 전개한 나라는 없다. 1995년 가을, 노태우·전두환 비자금 사건이 드러나 헌정 사상 최초로 두 전직 대통령이 구속됐다. 돈 문제로 전직 국가원수들이 줄줄이 법정에 선 경우는 세계적으로 드문 일이다.

그뿐 아니라 이들을 법정에 세운 현직 대통령의 아들도 구속됐다. 1997년 6월, 김영삼 대통령의 차남 현철 씨가 특정범죄가중처벌법(32억 7천만 원 알선수재)으로 구속됐다. 이어 2002년에는 김대중 대통령의 두 아들 홍업, 홍걸 씨도 같은 죄목으로 구속됐다.

지금도 뇌물수수가 일상적으로 일어나고 있는 태국에서는 한국의 전직 대통령들의 구속이 단연 화젯거리다. 태국기자협회장도 지냈고 미디어그룹인 네이션의 부발행인으로 일한 카비 총키타본(Kavi Chongkittavorn)은 사석에서 이렇게 말하기도 했다.

"한국인은 정말 대단해. 지독하단 말이야. 매운 고추를 좋아해서 그런가? 어떻게 그렇게 권력자들을 마음대로 잡아넣을 수가 있지? 후환이 두렵지도 않나? 우리 같으면 엄두도 못 내지. 정말이야. 여긴 다 부패했으니 누가 누굴 잡아⋯."

이런 점에서 한국과 대조적인 나라가 일본이다. 세계 경제 2위인 일본에 대한 국제투명성 기구의 청렴성 순위는 24위에 불과하다. 문제는 이 순위마저 정확하지 않다는 점이다. 한국이 너무 요란스럽게 스스로 치부를 드러내는 편이라면, 일본은 있는 사실도 감추려는 편이다. 금권정치의 원조도 일본이다. 『맞아죽을 각오를 하고 쓴 한국, 한국인 비판』의 저자 이케하라 마모루는 이렇게 말했다.

"일본 공무원 사회에서는 뇌물을 받았다가 발각되는 사태가 생기면 스스로 목숨을 버림으로써 고리를 끊어버리는 일이 흔하다. 다른 사람에 대한 피해를 막기 위해서다. 그러나 한국에서는 굴비 두름처럼 줄줄이 엮어 올라가는 경우가 허다하다. 과연 어느 쪽이 더 의리 있는 것일까?"

그는 한국인보다 일본인의 의리가 훨씬 강하다는 것을 강조했다. 그러나 이 말은 결과적으로 '끼리끼리' 봐주고 '도마뱀 꼬리 자르기' 식의 악취 나는 일본의 뇌물관행을 그대로 공개한 격이 됐다. 남의 뇌물 비리를 감추기 위해 하나밖에 없는 자기 목숨까지 바치는 관행이 21세기 개명 천지에 과연 올바른 행동일까?

부정부패에 대한 국민적 척결 의지는 노무현 정권에서도 계속되고 있다. 노 대통령의 취임을 전후해 시작된 SK그룹 분식회계 수사는 사실상 그룹총수인 최태원 (주)SK 회장을 구속시켰다. 또한 '대통령 측근 비리'에 대한 수사도 이뤄져 최도술, 안희정 등 이른바 '노 대통령 사람들'이 대거 사법 처리됐다.

지금의 한국 사회는 과거와 크게 다르다. '급행료' 다 뭐다 해서 다양한 웃돈을 요구하는 풍습이 많이 사라졌다. 공무원 사회에서 횡행하던 전별금, 촌지관행도 대폭 줄었다. 물론 지금도 은밀한 뒷거래는 있겠지만, 더 이상 관행은 아니다. 그것은 범죄행위다. 들키면 감옥에 가야 한다. 정치자금도 금권선거도 법조계의 불문율인 전관예우 풍조도 현저히 줄어들고 있다. 지금 젊은 판·검사나 변호사들 중에는 돈을 받지도 주지도 않는 소신파들이 점점 늘고 있다.

한국의 부정부패는 전통적인 관존민비(官尊民卑) 사고방식과 무관하지 않다. 그러나 민주화가 진행되면서 관(官)의 위치나 관을 보는 국민들의 시각이 많이 변했다. 정치인의 정치자금을 가장한 뇌물수수도 더욱 어려워졌다. 민간 경제가 발달하면서 중소기업이 대기업에 바치는 '민-민' 뇌물풍조가 우려되긴 하지만 기업들의 투명성 제고, 내부자 고발, 사회풍토 등의 변화로 점차 줄어들 것이 분명하다.

결론적으로 한국 사회를 보다 깨끗한 사회로 만들기 위해서는 첫째, 부정부패를 뽑기 위한 리더십의 확실한 의지가 무엇보다 중요하다. 둘째, 사회 각 부문에서 투명시스템으로의 변화가 지속돼야 한다. 부패의 정도는 사회적 관행이나 분위기와 맞물려 있기 때문에 사법기관의 손에만 맡길 수 없다. 셋째, 사회 구성원인 우리 자신부터 '부정부패 문제가 남의 이야기가 아니라 바로 나 자신, 우리의 이야기라는 점'을 깨달아야 한다. 그래야만 실용적인 처방을 강구해낼 수 있다.

지금 한국의 부패지수가 내려가지 않는 이유는, 과거 못지않게 부패가 계속돼서가 아니라 과거에는 죄로 생각지 않던 관행, 슬며시 덮어두던 비리, 아예 건드릴 엄두조차 못 내던 성역까지 모두 드러내고 까발려 사법적 단죄를 가하기 때문이다. 어찌 보면 구제불능의 '콩가루' 집안으로 보일 수도 있지만 그렇게까지 치열하게 부패 추방을 벌이는 곳이 바로 한국이다.

성역이라 일컬어지던 대선자금 수사도 용인해 네 편 내 편 할 것 없이 모두 구속시켜버린 노무현 정권의 결단도 박수받을 만하다. 이 같은 노력은 민주화 이후 공직자 재산공개, 금융실명제 실시 등 제도적 장치를 마련한 김영삼 전 대통령부터 김대중·노무현 정권에 이르기까지 일관된 불가피한 성장의 진통이요, 부패 추방에 대한 전 국민의 단호한 결의라 볼 수 있다.

한국 여성, 기지개를 펴다

20세기 후반까지만 해도 한국 사회는 '남성의, 남성에 의한, 남성을 위한' 원시 사회였다. 지구상에 몇 안 되는 '잰틀맨 퍼스트(Gentleman First)'의 나라요, '남자 마음대로' 세상이었다. 모든 것이 남성 위주로 짜여 있었다.

여성들은 집안에서 호주도 될 수 없고 부모 제사도 주관할 수 없으며, 유산도 제대로 물려받을 수 없었다. 사회적으로도 높은 자리는 전부 남성 차지였으며, 사회 도처에 즐비하게 쳐진 금녀(禁女)의 벽은 대단히 높았다. 한국 여성의 최고 덕목은 사실상 '시집 가서 남편 잘 섬기고 자식 잘 키우는 것'이었다.

그런 마초(macho) 사회, 한국에서 최근 지각변동이 일어나고 있다. 불과 몇 년 사이, 여성들이 가정에서부터 학교, 직장은 물

론 보수적인 법원, 검찰, 군사 분야에 이르기까지 맹렬한 여성 파
워를 발휘하고 있는 것이다.

우선 사회 지도층 인사로 여성들이 대거 입성하고 있다. 과거
에 꿈도 못 꾸었던 국무총리, 정당대표, 대법관, 헌법재판관, 법
무장관, 대사, 장군직 등 국가 요직 중의 요직에 여성들이 발탁되
고 있다. '여성으로서 사상 최초' 라는 꼬리표가 계속 나오고 있
다. 첫 여성 국무총리 한명숙(2006년)을 비롯해, 춘천지법원장 이
영애(2004년), 대법관 김영란(2004년), 법무장관 강금실(2003년),
헌법재판관 전효숙(2003년), 주 튀니지 대사 김경임(2003년), 장
군 양승숙(국군간호사관학교장, 2002년) 등이 모두 '여성으로서
사상 최초' 라는 기록을 수립했다.

금녀의 벽도 허물어지고 있다. 사관학교 중 처음으로 공군사관
학교가 1997년에 여성에게 문호를 개방한 이래 육 · 해 · 공 3군
사관학교에 여풍이 거세게 불고 있다. 여성 사관생도들이 졸업
때 수석을 독차지하는가 하면 전투기 조종사, 전방 야전부대 소
대장, 해군 함정 근무도 여성이 수행하기 시작했다. 지난 1989년
부터 여학생 입학(9기생)을 허용한 경찰대학의 경우, 2002년 18기
졸업식 때 개교 이래 처음으로 여학생들이 전체 1, 2, 3등을 독식
했다.

한국 최초의 철도청 여성 기관사 강은옥(2000년), 첫 화재진압
대원 박양지(2001년), 첫 경마 기수 이신영(2001년), 첫 청와대 대

변인 박선숙(2002년), 첫 서울대 법대 교수 양현아(2003년) 등도 나왔다. 이러한 바람은 학생들에게도 불어 지난 2000년에는 연세대학교에서 첫 여성 총학생회장이 탄생하기도 했다.

나이가 젊을수록, 세대가 내려갈수록 여풍(女風)의 위력은 가히 폭발적이다. 문화·예술·교직·기업계 등 민간 분야는 말할 것도 없고, 가장 보수적인 관료 사회도 신세대는 여성 파워가 접수했다. 단적인 예가 엘리트 공무원의 등용문 고시 수석을 해마다 여성들이 도맡고 있다는 사실이다. 2004년의 경우 사법·행정·외무 등 3개 고시는 물론 행정 기술직(옛 기술고시), 공인회계사, 변리사, 감정평가사, 세무사를 비롯한 8개 주요 국가자격시험 수석을 모두 여성이 휩쓸었다. 2005년의 3대 고시 수석도 모두 여성의 몫이었다.

여성의 합격자 비율도 급상승하고 있다. 외무고시의 경우 신임 외교관이 1993년에는 단 1명에 불과했으나, 2002년에 가서는 전체의 50퍼센트인 16명이나 됐다. 앞으로 20년 뒤에는 여성 대사들이 줄줄이 나올 전망이다. 2005년 행정고시 최종합격자의 44퍼센트, 사법시험 최종합격자의 32.3퍼센트가 여성이었다. 역대 최고치다.

서울시 공무원 임용시험(행정직)에서는 합격자 1천173명 중 66.2퍼센트인 777명이 여성이었다. 과거 공직 사회에서 여성의 비율을 높이기 위해 만든 양성평등 임용목표제(공무원 전체 합격자 중 어느 한 성별의 합격자가 30퍼센트를 밑돌 경우 선발 예정 인원 외에 추가 합격자를 선발하는 제도)가 이제는 거꾸로 남성들을 위한 안전판 역할로 바뀌는 중이다.

뿌리 깊은 한국 여성의 활력과 에너지

21세기 들어 지구상에서 가장 획기적으로 여성 지위가 바뀐 나라가 한국이다. 더 이상 한국의 남성 가장은 집에서 군림할 수 없다. 민법 개정과 함께 여성들의 경제적 권익도 크게 높아져 아내는 더 이상 남편의 억압적 태도에 무조건 순종하지 않는다.

도리어 젊은 세대 사이에서는 과거에 상상도 하기 어려웠던 '역할의 변화'가 나타나고 있다. '예쁜 남자(Mr. Beauty)' 대 '강한 여자(Ms. Strong)' 신드롬도 생겨났다. 여자보다 더 예쁜 외모의 곱상한 남성이 늘어나고 있는 반면, 복싱을 즐기고 남자친구를 에스코트해 집까지 바래다주는 강한 여성도 있다. '김삼순 신드롬'도 한 예다. 이종격투기에도 여성 투사들의 활약은 괄목상대할 만하다.

이젠 나이도 별 문제가 되지 않는다. 연상의 여성이 연하의 남성과 결혼하는 일이 비일비재하다. 누나 같은, 어머니 같은 연상의 아내가 포근하게 보살펴주는 사랑에 폭 빠진 어린 남편도 적지 않다. 돈도 더 잘 벌고 사회적 지위도 높은 아내가, 그렇지 못한 남편을 부양하고 남편은 집에서 내조하는 경우도 늘고 있다. 기존의 남편과 아내, 남과 여의 역할이 뒤바뀐 것이다.

전통적인 남성 우월주의의 관점에서 볼 때는 이해하기 어려울 수도 있다. 그러나 지금까지 억눌려 살았던 여성의 파워는 마치 관성의 법칙에 의해 튕겨 나오는 것처럼 강하게 치솟고 있다.

이처럼 한국 사회에서 일어나고 있는 남녀 간의 획기적 변화의 첫째 원인은 민주화다. 억압적이고 가부장적이며 위에서 일방적으로 내리누르는 '톱다운 시스템(Top down System)'과 권위가 해체되면서 짓눌렸던 여권(女權)은 돌파구를 찾았다. 진보와 개혁의 물결이 대세가 되면서 여권신장은 물을 만났다. 여기에 한국 남성의 의식도 여성 문제에 많이 유연해졌다.

끊임없이 발전하고 있는 선진국의 여권신장 역시 여기에 한몫하고 있다. 미국에서는 1997년 첫 여성 국무장관 매들린 올브라이트(Madeleine Albright)에 이어 2005년에 두 번째 국무장관 콘돌리자 라이스(Condol eezza Rice)를 배출했다. 세계화로 인해 동서남북간의 의사소통이 빨라지고 서로 영향을 주고받다 보니 '여권의 사각지대' 같은 한국일지라도 예외일 수는 없다.

변화의 주역은 바로 한국 여성이다. 그들의 역동적인 에너지와 뛰어난 자질이 빛을 발하고 있는 것이다. 우리의 조상인 북방 몽골계 민족은 상고시대 때 유목 · 기마민족의 모계(母系) 사회에서 살았다. 인류학자들에 의해서도 밝혀졌지만 당시 남성은 유목을 하며 떠돌아 다녔고, 여성은 집에 남아서 가장이자 생계의 주체로 활약했다. 때문에 과거부터 몽골계 여성은 영향력도 강했고 육체적, 정신적으로 강인했다. 육당 최남선도 원시시대 한국 사회는 여자가 남자를 선택하고, 가정의 조직을 여자 중심으로 꾸려나가는 모계 사회였다고 기술했다.

이후, 중국을 통해 불교와 유교 문화가 들어오면서 한국 사회도 어머니 중심에서 아버지 중심의 부계 사회로 바뀌어갔으며 '남존여비' 사상이 싹트게 됐다. 원래 부계 중심의 한족 중국인에게 모계 중심의 동이족(오랑캐) 가족 관념은 용납되지 않았다.

그러나 한국 여성의 강인한 유전자는 혹독한 남성 중심 사회에서 수백 년간 억압받고 천대받으면서도 고스란히 남아 유전됐다. 찰스 다윈(Charles Robert Darwin)의 '적자생존의 법칙' 이 적용돼 강하고 뛰어난 여성들의 DNA만 살아남아 업그레이드됐다. 그 결과 한(恨)과 응어리, 인고의 시간 속에서 향상된 우성인자가 지금 한국 여성들의 피 속에 흐르고 있다.

해방 후 가난과 전쟁, 독재의 틈바구니 속에서 짓눌린 가장과 아이들을 보듬고 집안을 키워낸 이들은 다름 아닌 어머니였다. 어머니는 자식에게 뛰어난 가정교사요, 멘토(mentor·정신적 스승)였다. 미국 슈퍼볼의 스타 하인스 워드를 훌륭하게 키워낸 사람도 한국인 어머니 김영희 씨다. 워드는 어머니에 대해 이렇게 말했다.

"어머니는 나의 모든 것이며, 나에게 있어 영감(inspiration) 그 자체다. 성장 과정에서 어머니로부터 많은 동기를 부여받았다. 무엇보다 어머니는 포기라는 말을 몰랐다. 어머니는 늘 내게 '겸손하라' 고 가르치셨다."

또한 한국의 어머니는 노련한 살림경영자다. 산업화 시대 남편들이 바깥에서 한국의 국부(國富)를 키워낸 주역이었다면, 아내들은 가정에서 가부(家富)를 키워낸 주인공이다.

칼럼니스트 이규태 선생이 2005년 어머니날에 '아! 우리 어머니' 라는 제목으로 쓴 글은 한국 어머니의 힘과 희생심이 얼마나 큰 것인가를 뭉클하게 보여주고 있다.

감탄, 희열의 극치나 공포, 위기, 일촉즉발에 처했을 때, 나도 모르게 부르짖는 절규를 '이머전시 크라이(emergency cry)' 라고 한다. 이 절규는 나라나 문화권에 따라 다르다. 회교도들은 알라를 찾고 불교도들은 관세음보살을 찾는다. 찰스 다윈이 아프리카 원시림에 들어가면서 그 신비함에 어리둥절하여 자신도 모르게 내뱉은 소리가 '오 마이 갓(Oh my god)', 곧 오 하느님이었듯 기독교도들의 이머전시 크라이는 하느님이다.

육당 최남선은 백두산에 올라 천지를 접했을 때, 자신도 모르게 나온 첫 소리가 '애고머니!' 였다고 기행문에 적고 있다. 한국인은 남녀노소 없이 놀랍고 반가울 때 '어머', '어머나'를 외치는 이 세상 유일한 어머니 절규의 나라다. 곧 최후의 귀의와 구원을 어머니에게서 찾는, 세상에서 가장 농도 짙은 모성국가라는 증거이기도 하다.

—『조선일보』「이규태 코너」 2005년 5월 9일자. '아! 우리 어머니'

외국인 중에는 한국의 여인을 이렇게 긍정적으로 평하는 이가 많다.

"한국의 여성에게는 무언가가 있다. 아름답다. 역동적이다. 활력이 넘친다. 강인하다. 그리고 현명하다…"

물론 미의 관점은 주관적이다. 그러나 대체로 공통된 반응이 있다.

"한국 여성은 자신만만하고 외향적이며 개성이 강하다. 그들의 경쟁심이나 성취욕은 서구 여성보다 강할 때도 많다. 그러다가도 중요한 순간에는 부드러운 동양 여성으로 돌아가 양보하거나 과감히 희생하기도 한다. 바로 이것이 서양 여성이 쉽게 따라가기 어려운 점이며, 서양 남성을 *끄는* 불가사의한 매력이다." (미국인)

"한국 여성은 순종적인 일본 여성과 달리 결코 다소곳하지 않다. 자기 주장이 강하고 남자를 자기 페이스로 끌고 가려고 한다. 그런데 그런 모습이 의외로 매력적이다. 일본에서 오래 산

한국 여성은 남편 못지않게 억척스럽고 생활력이 강하다. 전반적으로 한국 여성은 외모에서도 일본 여성보다 훨씬 섹시하다.”(일본인)

“한국 여성은 세련됐다. 어려서부터 남녀평등을 외치며 사회주의 교육을 받아온 중국 여성보다 남녀평등 문제에 더 관심이 많고 예민하다. 어쩌면 차별대우를 받고 살아와서 그런지도 모른다. 그럼에도 불구하고 구김살이 없다. 행동에 거침이 없고 때로는 나(중국 남자)보다 더 적극적일 때가 많다.”(중국인)

나는 외국에 일시적으로 거주하거나 여행하다가 우연히 한국 여성을 만나면 다른 동양계 여성과 달리 금방 구별해낸다. 굳이 다른 동양계 여성과의 차이를 말하라면 한국 여성은 첫째, 몸과 정신에서 뿜어 나오는 활력과 에너지가 넘친다. 둘째, 이목구비가 뚜렷하고 체격이 좋은 편이다. 대체 남존여비 사상이 강한 한국에 뿌리를 둔 한국 여성이 어떻게 저런 활력과 에너지를 갖게 되었는지 의문스러울 정도다.

나는 이런 느낌을 유럽에서 만난 입양아 출신 한국계 여성들에게서도 똑같이 받았다. 그들은 아주 어렸을 때 유럽으로 와 한국의 언어는 물론 전통, 문화를 모르는데도 넘치는 활력과 에너지, 분위기는 한국 여성과 별 차이가 없었다.

여성 파워의 활화산 같은 시너지

한국 사회가 진정한 남녀평등을 이루고 여성 파워를 건설적으로 활용하기 위해서는 아직도 넘어야 할 산이 많다. 지구상에서 한국 여성의 지위는 아직도 최하위 수준이다. 2005년 5월, 스위스의 세계경제포럼(WEF)이 발표한 '여성의 권리: 글로벌 남녀불평등 조사' 보고서 결과를 보면, 한국의 남녀평등 성취도는 세계 58개국 가운데 겨우 54위를 기록했다. 이런 상황에서도 요즘 뻗어 나오는 한국 여성의 파워를 보고 있노라면 역설적으로 무한

◖◗ 아시아 태평양 지역 13개국 여성의 사회적, 경제적 수준

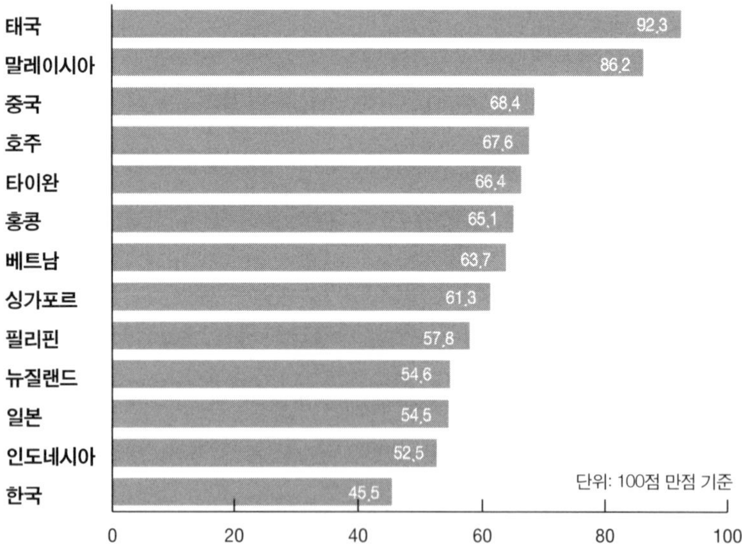

● 자료: 마스터카드 인터내셔널 조사

◀▶ **세계 58개국 남녀평등지수**

순위	국가	순위	국가
1위	스웨덴	33위	중국
2위	노르웨이	38위	일본
3위	아이슬란드	39위	방글라데시
4위	덴마크	40위	말레이시아
5위	핀란드	44위	태국
6위	뉴질랜드	46위	인도네시아
7위	캐나다	54위	한국
8위	영국	55위	요르단
9위	독일	56위	파키스탄
10위	호주	57위	터키
(중간생략)		58위	이집트

● 자료: 2005년 세계경제포럼(WEF) 조사

한 발전 가능성을 짐작할 수 있다.

한국의 여성 문제를 논하려면 날밤을 꼬박 새워야 할 만큼 하고 싶은 이야기와 주장이 많을 것이다. 여기서는 크게 세 가지만 지적해보기로 하자.

첫째, 육아정책의 획기적 개선이다. 여성 파워를 잘 활용하려면 여성이 마음 놓고 아이를 맡기고 근무할 수 있도록 양질의 보육시설과 지원금 확대가 필수적이다. 아이를 낳는 것이 부담이 아니라 혜택이라고 느낄 만큼 획기적인 지원책이 마련되어야 한다. 이를 담당할 전문인력 양성도 시급하다.

둘째, 여성의 일자리 창출이다. 아직까지 여성의 일자리는 서비스 분야, 보조인력, 비정규직 요원이 대부분이다. 한국이 1995년 국민소득 1만 달러 진입 이후 지난 10년간 1.4퍼센트 증가에 머무르고 있는 여성 경제활동 참가율을 대폭 증가시켜야 한다. 정부는 2008년까지 이를 53.5퍼센트로 확대하기 위해 특히 교육·의료·복지·문화 분야 등 사회 서비스 분야 및 첨단산업, 전통 제조업 분야 등에 여성취업을 제고하겠다고 장담하고 있으나 결과는 미지수다.

컨설팅회사 매킨지는 지난 2001년에 발표한 '우먼 코리아' 보고서를 통해 "한국이 2010년 강대국에 진입하려면 여성 인력을 최대한 활용해야 한다"고 지적했다. 매킨지는 한국이 상위 10위권 내 강대국에 진입하려면 OECD 상위 16개국 평균인 1인당 GDP를 3만 1천 달러까지 높여야 한다고 주장했다. 이를 위해 "2010년까지 전문직 120만 명을 포함한 300만 명이 필요한데, 고학력 여성인력 활용이 뒷받침돼야 한다"고 강조했다. 남성인력의 활용은 이미 OECD 평균을 넘어섰지만 고학력 여성의 활용은 훨씬 못 미치고 있기 때문이다.

셋째, 직장 내 성차별 및 직장 밖 성매매 문제의 개선이다. 사회 변화에 따라 조금씩 상황이 나아지고 있지만, 아직도 해결할 문제는 산적해 있다. 한편에서는 여성들이 남 탓만 하지 말고 스스로 더 노력해야 한다는 주장도 있다. 한국의 대표적인 여성 CEO로 통하는 김성주 성주인터내셔널 사장의 얘기다.

"남자만큼 일하지 않으면서 남자들과 똑같은 임금을 요구하는 것은 '역차별'이자 언어도단이다. 여자, 남자가 경쟁할 게 아니라 서로 강점을 조화시켜 더 큰 시너지를 만들어 나라 밖 경쟁자를 이겨야 한다. 사정이 이런데도 우리나라는 성형수술이 제일 잘 되는 나라라고 한다. 성형수술이야말로 남성 전유물 시대의 사고 아닌가. 일의 세계에서는 남녀노소가 따로 없고 실력이 제일이다. '성형수술' 시대가 아니라 '실력수술' 시대가 되어야 한다."

요즘 직장에서 활약하는 30대 커리어우먼 중에는 이미 김 사장과 같은 생각을 가지고 당당하게 행동하는 이들이 많다. 그들은 입으로는 남녀평등을 외치면서도 막상 일에서는 남성에게 기대는 식의 내숭을 배격하고 진짜 남녀평등을 원한다.

21세기 한국 여성은 세계적으로 대단한 활약과 성취를 보여줄 것이다.

우선 문화·예술계에서 괄목할 만한 활약을 보일 것이다. 향후 10년 안에 할리우드를 주름잡을 한국 여배우가 등장하지 않을까? 우리 영화 「쉬리」의 여주인공이요, 미국 TV드라마 「로스트」로 최고의 인기를 구가하고 있는 배우 김윤진이 여기에 근접하고 있다.

세계 대중음악계를 주름잡는 한국 여성 가수도 등장할 것이다. 한국인의 끼나 재질로 미뤄 미국 여성 싱어의 대부 격인 휘트니 휴스턴이나 머라이어 캐리를 뛰어넘는 가창력, 춤, 미모를 겸비한 대형 여가수가 등장하지 말란 법이 없다. 이미 우리에겐 아시아의 큰 별 보아가 있다. 지금은 시작 단계에 불과하다.

왕년의 마리아 칼라스(Maria Callas)를 앞지를 세계 최고의 소프라노 가수는 물론 피아니스트, 바이올리니스트, 첼리스트, 브로드웨이 뮤지컬 여주인공이 탄생할 것이다. 지금의 소프라노 조수미, 홍혜경, 바이올리니스트 정경화, 장영주를 능가하는 인물들 말이다.

스포츠는 줄줄이 한국 여성 파워가 발휘될 보고(寶庫)다. 한국 여성들은 격투기를 제외하고는 늘 스포츠에서 한국 남성보다 더 좋은 성적을 냈다. 여자 농구가 그랬고 배구·핸드볼·하키·양궁·쇼트트랙 등에서 그랬다. 세계 골프는 한국 여성들이 정복했다. 이제 미국여자프로골프협회(LPGA) 대회 경기를 TV로 보면 외국 선수들보다 한국 낭자 군단이 더 눈에 띄어 도대체 미국에서 열리는 것인지, 한국에서 열리는 것인지 잘 구별되지 않을 정도다.

서구의 전유물 같은 피겨 스케이팅에서도 비록 주니어 경기이긴 하지만 한국 여학생이 첫 우승을 차지하기도 했다. 앞으로는 까마득하게 높이 보였던 수영·다이빙·육상·스키·테니스·승마 등의 열세 종목에서도 한국 낭자들의 깜짝 '우승' 쾌보를 자주 접하게 될 것이다. 그만큼 한국의 국력이, 한국의 여성 파워가 무르익었기 때문이다.

이민 역사 100여 년에 이민자 300만 명에 육박하는 미국의 한인 사회에서도 연방 상원의원, 연방정부 장·차관, 대학총장 자리를 꿰어 찰 한국계 여성들이 나올 것이다. 한국 여성 특유의 활달함, 강인함, 자신감이 뛰어난 두뇌, 외모, 인성 그리고 남성보다 더 강한 성취욕 등과 어우러지면서 가공할 위력의 시너지를 뿜어낼 것이 명약관화하다.

터져 나오는 한국 여성들의 힘은 활화산 같다. 허나 지금은 시작일 따름이다.

에필로그

한국인으로 태어난 게 자랑스러운 10가지 이유

한국이 더 잘 나가기 위해 필요한 10가지

한국인으로 태어난 게 자랑스러운 10가지 이유

1. 중국 옆에서 살아남은 유일한 나라다

한국인에게는 강한 생존력과 자주성이 있다. 한국인은 '동양의 블랙홀' 중국 옆에서 살아남아 번영을 이룬 유일한 민족이다.

2천여 년 전, 중국(한나라) 주변에서 군웅할거(群雄割據)하던 국가나 민족은 한국인을 제외하고 모조리 흡수되거나 사라져버렸다. 북쪽으로 만주와 중앙아시아에서 활약하던 흉노·돌궐·선비·여진·거란 등 수많은 민족이 자취를 감추었다. 중원을 제패한 청나라(만주족)나 원나라(몽골족)도 한족(漢族)에게 흡수돼 버렸거나, 국토의 상당 부분(내몽골)을 중국에 빼앗긴 상태다. 서쪽의 티베트, 신장·위그르족은 병합됐다. 남쪽으로 양쯔강 이남 화남(華南)지역의 군소 국가·민족도 자취 없이 사라졌다.

월족(越族)의 후손인 베트남은 인도차이나 반도로 쫓겨 내려와 사는 형편이다.

그러나 한국은 2천 년 이상 한반도에서 고유의 문화, 역사, 언어를 유지한 채 건재하고 있을 뿐 아니라, 지금은 중국의 '경제 스승' 노릇까지 하고 있다.

2. 일본을 우습게 아는 지구상 유일한 나라다

지구촌에는 한국인에게 한 가지 불가사의가 있다는 얘기가 유포되어 있다. 그 중 하나가 전 세계에서 유일하게 일본을 우습게 아는 나라라는 것이다. 아시아 각국이 모두 일본의 침략을 받았지만 일본의 공식 사과를 받아낸 나라는 한국뿐이요, 일본이 조금만 역사를 뒤틀려고 해도 벌떼처럼 일어나 항의하는 사람들이 한국인이다.

희한하게도 일본과 싸우게 되면 한국인에게는 '실력 플러스알파'가 작용한다. 과거 형편없이 못살던 시절에도 일본만은 꼭 꺾어버리겠다는 오기가 발동해 지금의 한국을 만드는 데 일조했다.

이제 한국은 과거의 '제자' 삼성이 '스승' 소니를 제치듯 산업·기술·대중예술·스포츠·교육 등에 이르기까지 다방면에서 일본을 앞지르고 있다. 그 힘은 한국인의 강인한 생명력, 불량기질, 베짱이기질, 교육열 등에서 나온다.

3. 세계 10대 경제 강국이다

2005년 현재 한국은 세계 10대 경제대국, 10대 교역(수출입)국 반열에 우뚝 올라섰다. 과거의 초강대국 러시아와 10억 인구대국 인도도 한국보다 아래다.

건국 후, 볼펜 한 자루조차 못 만들던 한국이 이제 세계 최고 수준의 IT · 전자, 조선, 제철 및 자동차산업을 보유한 산업 강국이 됐다. 국내총생산(GDP)은 2004년 6천801억 달러로 1953년 13억 달러의 520배이고, 1인당 국민총소득(GNI)은 1만 4천162억 달러로 1963년 1백 달러보다 141배나 늘어났다. 또한 수출은 2004년 2천538억 달러로 1952년에 비해 9천2백 배, 수입은 2천245억 달러로 천 배씩 각각 늘어났다. 엄청난 기록의 행진이다.

조선업의 경우, 1945년의 선박 건조량 물량은 8천 지티(G/T: Gross Tonnage · 총톤수)에 불과했다. 그러나 2004년에는 1천900배 늘어난 1천514만 지티를 기록해 세계 1위를 고수했다. 왕년의 조선대국 일본은 2위다.

자동차의 경우, 1945년에는 단 한 대도 만들지 못했다. 그러나 2004년에는 346만 9천 대를 생산해 미국, 일본, 독일, 중국, 프랑스에 이어 세계 6위의 자동차 강국으로 부상했다.

2006년 초, 중국 사회과학원이 선정한 '세계에서 국력이 가장 우수한 10대 국가' 중 한국이 9위를 차지했다. 중국은 기술력과 정보통신 부문에서 한국에 뒤진다고 평가했다. 이런 역전 상황은 수천 년 양국 교류사상 최초의 일일 것이다.

4. 산업화와 민주화를 동시에 이루었다

서구 선진국은 이미 오래전에 산업화와 민주화를 모두 이뤘지만, 걸린 세월은 백 년 이상이었다. 그러나 한국은 경제개발에 착수한 지 30년도 안 돼 '두 마리 토끼'를 모두 잡아버렸다. 이런 나라는 정말 지구상에서 손꼽을 정도다.

1965년에 건국한 싱가포르는 비약적인 경제성장으로 산업화는 이뤘지만, 민주화는 아직 갈 길이 남았다. 과거 우리보다 앞서가던 대만은 경제력에서 한국에 추월당한 지 오래며, 민주화도 계속 한국 뒤를 쫓아오고 있는 형편이다.

중국은 덩치는 컸지만 산업화, 민주화에서 한국을 따라잡기에는 부족한 면이 많고, 인도는 민주화는 이뤘지만 산업화는 아직 멀었다. 이밖에 동남아, 중동, 중남미, 아프리카 등에서 한국에 필적할 나라는 아직 없다.

제2차 세계대전 이후, 독립하거나 새로 태어나 UN에 가입한 나라는 대략 85개국인데, 종합 성적표 1위는 단연 한국이다.

5. 세계를 리드하는 IT 강국이다

IT 강국 한국은 지금 세계 제패를 위해 칼을 매섭게 갈고 있다. 반도체 분야는 플래시 메모리가 부동의 세계 정상을 차지하고 있는 가운데 S램, DDI(Display Drive IC), MCP(Multi-chip packages) 등에서도 세계 1위다. '코리아의 얼굴'이 된 휴대폰의 경우, 전 세계에서 판매되는 휴대폰 5대 가운데 1대가 한국 제품일 정도다. 30여 년 전, 일본 전자회사에 머리 숙이고 조금씩 얻어낸 기술 등을 바탕으로 이제 스승 일본을 꺾고 세계 1위를 향해 질주하고 있는 것이다.

또한 한국은 세계 최고의 초고속 인터넷 서비스망을 구축한 나라다. 사업 7년 만에 가입자 1천2백만 명을 확보했고 백 명당 가입자 23.3명으로 세계 최고다. 과거 유선 인터넷 서비스를 한 단계 높여 2005년 무선 초고속 인터넷 서비스에 성공해 제2의 IT혁명, 즉 '유비쿼터스 코리아'로 세계 시장을 선도하고 있는 것이다.

6. 교육열이 세계 최고다

경제력이 아프리카와 비슷하던 나라가 어떻게 30여 년 만에 세계 경제 강국으로 거듭나게 되었을까? 미국 하버드대학 새뮤얼 헌팅턴 교수는 '한강의 기적'의 원인을 '한국의 발전 지향적 문화', 그 중에서도 교육열에서 찾고 있다.

한국은 어떻게 해서 이토록 빨리 정치적 사막에서 성숙한 민주국가로 바뀌게 되었는가? 세계의 많은 전문가들은 세계 최고의 교육열에서 그 해답을 찾았다.

한국인은 정말 특이하다. 가난뱅이 시절, 부모는 밥을 굶으면서도 땅 팔고 집 팔고 소 팔아 자식을 공부시킨 거의 유일한 민족이다. 이제 먹고살 만하니까 부모는 자식과 혹은 부부끼리 생이별을 하면서까지 집 팔고 월급의 절반 이상을 떼어내 자식들의 해외유학을 뒷바라지하는 지구상 거의 유일한 나라다.

때로 지나치기도 한 한국인의 교육열은 신의 감동을 받을 만하다. 세계에서 소득 대비 사교육비를 가장 많이 쓰는 나라, 인구 대비 미국에 가장 많은 유학생을 보낸 나라가 바로 한국이다.

7. 세계 제일의 우수한 두뇌가 있다

한국인의 머리는 구한말 외국인들도 인정했다. 이사벨라 버드 비숍이 쓴 여행기 『한국과 그 이웃나라들』의 서문이다.

"한국인은 대단히 명민하고 똑똑한 민족이다. 스코틀랜드 식으로 말해 '말귀를 알아듣는 총명함(gleg at the uptake)'을 타고 났다. 외국인 교사들은 한결같이 한국인이 중국인이나 일본인보다 훨씬 빨리 외국어를 습득한다고 증언한다."

한국 바둑은 2000년 8월부터 2003년 3월까지 2년 7개월간 세계 바둑사에 길이 남을 대기록을 세웠다. 23회 연속 국제대회를 모조리 석권했던 것이다. 바둑의 종주국 중국이나 지난 수백 년간 세계 바둑을 평정했던 일본의 고수(高手)들이 한국의 이창호, 조훈현, 유창혁, 이세돌 등에게 전혀 힘을 쓰지 못했다. 한국 기원에 따르면 1988년 이후 2005년까지 벌어진 총 국제대회 수가 102회인데, 이 중 65.7퍼센트에 해당하는 67회를 한국이 우승했다고 한다.

이는 한국인이 뛰어난 두뇌의 소유자임을 증명한다. 바둑이야말로 고도의 두뇌 게임이기 때문이다. IQ검사를 하면 한국인의 두뇌는 항상 세계 1, 2위를 다툰다. 국제 올림피아드, 세계 학력경시대회 등에서 한국인이 수위를 다투는 이야기는 더 이상 뉴스거리도 아니다. 그동안 산업화를 통해 축적된 물적 토대와 기술은 한국인의 우수한 두뇌와 결합해 이제 IT, BT 등 첨단과학 분야에서 빛을 발하고 있다.

한국인이 뛰어난 두뇌를 자랑하게 된 데는 한글의 우수성도 한 몫 작용한다. 세계적으로 가장 과학적이며 쉬운 글을 어려서부터 배운 탓에 일찍 두뇌가 계발되는 것이다.

8. 한국인은 정이 넘친다

조선은 쇄국정책을 고수하면서도 곤경에 빠진 외국인을 만나면 배려를 아끼지 않았다. 그토록 외침(外侵)을 많이 당했으면서도 타민족에 대한 인정과 톨레랑스의 심성을 지니고 있었던 것이다. 때문에 구한말 한국을 여행한 서구인들은 '외국인이 마음 편하게 다닐 수 있는 나라'로 한국을 꼽았다.

고난의 근·현대사를 거치면서도 한국인의 톨레랑스는 식지 않았다. 개개인이 어려움을 겪을 때마다 가족은 보호막과 안식처 구실을 했다. 또한 군사독재 유산인 지역감정이라야 외국과 비교하면 '새 발의 피'다. 외국처럼 내전은커녕 서로 주먹다짐 한 번 한 적 없다. 태평양전쟁 와중에 극심한 지역감정으로 육군과 해군이 '원수'처럼 지낸 일본을 보라. 그리고 지구상 곳곳에서 늘 일어나는 종교분쟁도 한국은 무풍지대다.

한국인의 톨레랑스는 외국인이 먼저 알아본다. 그토록 한국에 비판적인 일본인도 "한국인이 흥분을 잘해서 그렇지 상대방이 당황할 정도로 사람과 성격이 좋다"고 칭찬한다. 10여 년 전 미국 뉴욕 퀸즈 경찰서에서 만난 중국계 형사의 말은 지금도 잊혀지지 않는다.

"홍콩, 일본, 중국계 청소년들이 붙잡혀오면 찾아오는 이가 거의 없다. 그러나 유독 한국계 청소년들이 들어오면 보호실은 불이 난다. 일가친척은 물론 이웃 사람들(교회 신도를 지칭하는 듯)

까지 수십 명씩 몰려와 위로하고 기도하고 노래 부르며 조기석
방을 탄원한다."

9. 할리우드 영화가 지배하지 못하는 유일한 나라다

2006년 들어 한국의 영화인들이 정부의 '스크린 쿼터' 축소에
항의하며 연일 시위를 벌이곤 했지만, 사실 막강군단 할리우드
영화가 지배하지 못하는 유일한 나라가 한국이다. 전 세계적으
로 미국 영화가 시장의 85퍼센트를 장악하고 있지만, 한국은 예
외다. 한국 영화가 국내 시장에서 50퍼센트 이상을 점유하고 있
다는 사실은 더 이상 이야깃거리도 아니다. 이제 외국 영화가 주
말 흥행기록 1위를 차지하는 일은 가뭄에 콩 나듯 한다.

국내 영화의 흥행 성공은 드라마로 이어지고 있다. 20세기의
서구적 근대화는 아시아인의 마음 밑바닥을 사로잡지 못했지만,
한국의 드라마 몇 편이 아시아인의 심금을 울린 것이다. 한 줄기
시원한 소나기와 함께 온 듯한 그 신선한 바람은 어느덧 뜨거운
열풍이 돼 아시아 전체를 휩쓸고 있다.

이제 음악, 춤, 의상, 헤어스타일, 디자인, 소설, 만화, 게임에
이르기까지 '메이드 인 코리아'는 아시아인의 취향을 좌우하기
에 이르렀다. '코리아' 하면 곧 선진 브랜드, 패션, 스타일, 유행
과 통하는 시대가 됐다.

이 얼마나 놀라운 일인가? 이 얼마나 엄청난 변화인가? 수천 년간 한국을 변방 오랑캐 나라라고 무시하던 중국인, 역사상 줄기차게 한국을 침략했고 얕보던 일본인이 이제 한국 영화에 드라마에 노래에 인기 연예인에 울고 웃게 됐으니 말이다.

한국인에게는 원래 신바람과 풍류기질이 있다. 바로 '끼' 다. 21세기는 문화산업에서 승패가 갈릴 것이라고 한다. 한국이 그 중심지가 될 것은 명약관화하다.

10. 축구와 야구에서 세계 4강을 성취한 유일한 나라다

브라질, 영국, 프랑스, 독일 하면 축구가 연상된다. 실제로 그들은 월드컵 축구의 세계적인 강호다. 미국, 쿠바, 일본 하면 야구가 연상된다. 이들은 세계적인 야구 강국이다. 이들 나라는 각기 축구면 축구, 야구면 야구 한 가지를 잘하지만 유감스럽게도 두 가지를 다 잘하지는 못한다.

그러나 예외가 있다. 바로 한국이다. 2002년 한일월드컵 때 당당히 4강을 차지해 세계를 놀라게 한 데 이어 2006년 WBC에서 4강을 차지해 단박에 세계 야구 강국으로 올라섰다.

얼마 전까지만 해도 한국은 프로야구, 프로축구 모두 세계무대에서 명함을 내밀지 못했다. 그러나 이젠 달라졌다. 한국인의 뛰어난 스포츠 자질과 국력신장이 결합되면서 괴력을 발휘하기 시작했다. 사실상 세계를 석권한 여성 프로골프를 비롯해 양궁, 사격, 쇼트트랙, 피겨스케이팅, 마라톤, 태권도, 핸드볼 등 수많은 종목에서 한국은 톱으로 질주하고 있다.

한국이 더 잘 나가기 위해
필요한 10가지

1. 말은 제주도로, 한국인은 세계로 보내라

"한국에 있으면 잘 모르는데 해외에 있으면 한국인에겐 뭔가가 있는 것 같다. 책임감, 끈기, 인내⋯ 세계 어딜 가든 살아남고 튄다. 그게 국민성인 것 같다."

맞다. 한국인은 나가면 잘 산다. 통일신라시대 신라방이 그랬고, 19세기 말 영국인 이사벨라 버드 비숍이 연해주 하바로프스크에서 만나본 한국 정착민이 그랬다. 군사혁명 후, 박정희의 해외진출 개방화 전략은 한국인의 특성을 바로 본 올바른 정책이었다. 5대양 6대주 전 세계에서 한국인은 그 힘을 마음껏 발휘했고 그것은 지금도 마찬가지다.

한국인의 선천적 역동성, 그 에너지를 억누르면 안 된다. 한국은 세계 인구밀도 3위 국가다. 한반도는 한국인에게는 너무 좁은 땅덩어리다. 여기서 서로 부딪치며 피곤하게 살지 말고 해외로 진출하자. 나가서 세계인과 어깨를 겨루고 경쟁하자. 한국인은 이긴다. 해낼 수 있다.

지구촌 시대를 살아가는 기본 정신은 '주고받는(give & take)' 것이다. 일방적으로 남에게 얻으려고만 해서는 안 된다. 우리가 외국에 진출해 득을 얻을 수 있는 것처럼, 외국인도 한국에 와서 득을 얻을 수 있도록 글로벌 사회가 되어야 한다. 비즈니스, 주거·교통 환경, 법적·제도적 하드웨어를 선진화하고 한국인의 유창한 외국어 실력, 친절한 태도, 개방적인 자세 등 소프트웨어가 겸비된다면 한국은 외국인들로부터 '살기 좋은 나라'로 꼽힐 것이다.

배타적 민족주의는 더 이상 한국에 도움이 되지 않는다. '세계 속의 한국', '한국 속의 세계'를 만들자.

2. Let it be!, 참견 말고 내버려둬라

경기장에 가면 자연스럽게 붉은 악마 주변으로 응원단이 형성되어 질서정연하고 활기 넘친 응원이 펼쳐진다.

"대~한민국!"

지든 이기든 응원단은 박수를 보내고 즐거워하며 내일을 기약

한다. 이것이 21세기 한국인의 모습이다.

나라가 부도 위기에 처하자 국민들은 가지고 있던 금붙이를 들고 나왔다. 사회 주요 현안이라고 생각되면 약속이나 한 듯 광화문 한복판에 모여 촛불집회를 한다. 누가 시켜서도, 누구를 의식해서도 아니다. 자발적이다. 마음속에서 우러난 단결심, 공동체 의식, 애국심의 발로다.

이를 보고 세계가 감동한다. 그 정도로 한국인은 성숙했다. 오랜 역경을 딛고 일어선 이들만이 받을 수 있는 정신적 축복이다. 더 이상 '시키면 하는' 타율적 문화, '쪼고 윽박지르는' 강압식 문화는 통하지 않는다.

이러한 특성을 살려 기업 CEO들도 큰 것만 챙기고 나머지는 밑에서 자율적으로 해내는 '자율경영'으로 더 나아가야 한다. 내버려두면 잘한다. 그게 한국인이다.

3. 규칙은 최소한으로, 집행은 확실하게 하라

한국인에게 대표적인 문제점이 하나 있다. 그것은 법규나 절차를 잘 지키지 않는다는 점이다. 매사를 빨리빨리 하다 보니 교통법규 등 사소한 법규 위반은 예사요, 효율성만 따지다 보니 적당히 규범을 뛰어넘고 결과를 중시하는 편이다. 너나없이 이런 성향이 강해 한국 사회는 다른 나라보다 법 경시 풍조나, 사회 권위에 도전하는 행태가 많은 편이다. 과거 군사독재정권 시절의 공권력 남용, 비현실적인 법의 양산도 일조를 했다.

한국인에게는 어느 정도의 규율과 훈련(discipline)이 필요하다. 그렇다고 어떤 틀에 가둬 세세한 것까지 간섭해야 한다는 얘기가 아니라, 큰 규칙을 정해놓고 그 테두리 안에서 자율이 지켜지도록 해야 한다는 것이다. 최소한의 규제는 필요하다. 마냥 풀어놓으면 유목민족 근성이 발동하여 고삐 풀린 망아지나 야생마가 될 수 있다.

1997년에 찾아온 IMF 외환위기, 2005년에 큰 충격과 파문을 던져준 황우석 사건 등이 대표적 사례다. 풀어주고 맡기기만 했지 최소한의 체크, 견제, 컨트롤 기능마저 소홀히 하는 바람에 호미로 막을 일을 가래로 막은 격이 됐다.

때문에 '법의 지배(rule of law)' 원칙이 확립돼야 한다. 법의 지배는 원칙과 기강이 있는 사회를 만든다. 법의 지배는 권위주의가 아니라 권위를 뿌리내리게 한다.

법의 지배를 확립하기 위해서는 첫째, 국민 대다수가 지키는 실용적인 법이 제정돼야 한다. 둘째, 일단 만들어진 법은 반드시 지키는 풍토가 만들어져야 한다.

최소한의 법률, 실효성 있는 법률을 만들어 규제를 최소화하되, 범법자에 대해서는 지위고하를 막론하고 확실하게 법을 집행해야 한다.

4. 붕어빵 아이보다 통통 튀는 창조적 인재를 길러라

튀는 놈은 튀어야 한다. 재능이나 흥미를 고려하지 않고 어려서부터 '붕어빵' 만드는 식의 획일적 교육을 받게 해서는 죽도 밥도 안 된다.

소수의 창조적인 인재를 발굴하고 육성하자. 그들을 화끈하게 경쟁시키자. 철저한 경쟁과 노력에 대한 대가를 지불하자. 어차피 모든 사람의 능력이 같을 수는 없다. 21세기 정보화 사회에서는 몇 사람의 뛰어난 두뇌에서 나오는 아이디어로 수많은 사람을 먹여 살릴 수 있다. 대신, 나머지 대다수의 '평준화' 된 사람은 경쟁보다 자신이 원하는 다양한 삶의 방식을 선택할 수 있는 평등한 기회를 주도록 하자.

이를 위해 다원화 교육시스템을 만들자. 평범한 능력의 소유자나 과도한 경쟁을 원치 않는 이를 위한 일반(평준화)학교와 검증된 수재나 영재 또는 특별기능을 소유한 이를 대상으로 하는 다양한 특수학교를 만들자.

5. 베짱이기질을 살려라

한국인은 부지런하기로 소문나 있다. 해가 가장 먼저 뜨고 가장 늦게 지는 나라가 한국이다. 선진국 도심은 저녁 8시만 돼도 조용하지만 서울 거리는 밤 12시가 돼도 번잡하다. 또한 한국인은 세상에서 가장 빨리빨리 사는 민족이다. 이런 극성 덕분에 한국은 세계 유례 없는 압축성장을 이뤘다.

그러다 보니 한 가지 문제가 생겼다. 국민 대다수가 '놀면 불안해지는 병'에 걸리고 만 것이다. 쉬거나 놀면 괜히 큰 죄를 짓는 듯한 생각에 사로잡힌다. 그래서 그런지 제대로 놀 줄을 모른다. 기껏해야 폭탄주, 노래방, 고스톱이 고작이다.

21세기 한국인은 제대로 쉴 줄도 놀 줄도 알아야 한다. 그래야 심신이 평화로워진다. 행복을 느낀다. 마음속에서 선의와 배려심이 나온다. 궁극적으로 창조적 아이디어와 왕성한 에너지가 나온다.

21세기 지식기반 사회의 놀이는 전혀 다른 의미를 지닌다. 새로운 지식이나 창의적 지식이 놀이를 통해 생산되고 소비되기 때문이다. 놀면서 얻은 아이디어 하나가 백만 달러, 천만 달러짜리가 된다.

놀랍게도 한국인에게는 '노세 노세 젊어서 노세…'를 외치며 풍류 가무를 즐기는 '베짱이기질'이 있다. 이 기질을 잘 살리면 휴식과 천천히(slow down), 기쁨과 행복, 선의와 활력을 찾을 수 있다.

정부는 국민들이 언제 어디서든 스포츠·레저·문화·예술 등 다양한 활동을 즐길 수 있도록 인프라를 더 구축해야 한다. 그러면 궁극적으로 한국인의 심성은 후덕해지고 인간관계와 사

회에도 인간미가 넘치며 국가경쟁력은 훨씬 향상되는 부민덕국
(富民德國)이 될 것이다.

6. 격려하고 칭찬하라

외국인은 농담 삼아 '한국인은 자신들이 일궈낸 성취를 모르
는 세계 유일의 민족'이라고 말한다. 지당한 얘기다.

한국은 가정에서부터 학교, 사회에 이르기까지 전통적으로 질
책성 문화가 강하다. 어려운 삶을 살다 보니 긍정보다 부정에 익
숙하고, 격려보다 비판이, 칭찬보다 훈육이 훨씬 많다. 열 개의
문제 중 아홉 개를 맞혀도 나머지 한 개를 왜 틀렸느냐고 비판하
는 것이 한국의 부모·스승이다. 한국은 경이로운 발전을 거듭
해 왔지만 언론의 논조는 늘 비판적이고 우울한 편이다.

외국에는 역사상 수많은 영웅·호걸이 존재하지만, 한국의 영
웅·호걸은 눈 씻고 찾아봐야 한다. 인물이 없어서가 아니라 이
것저것 비판과 흠을 잡다 보니 인물을 만들지 않은 것이다. 지금
까지는 이런 방식이 성공을 거뒀다. 잠시의 방심도 용납하지 않
는 철저한 비판과 질책, 채찍질이 한국을 이만큼 이끌었다.

그러나 21세기를 리드하기 위해서는 이런 방식으로는 안 된
다. 이미 한국인의 마음 곳곳에는 시퍼런 멍 자국이 남아 있다.

그러므로 앞으로는 격려와 칭찬의 문화를 만들어가야 한다.

잘하는 사람을 칭찬해주고 다소 실수를 해도 격려해 주며, 사회
적으로 많은 역할모델을 만들어야 한다. 이런 기운이 가정, 학
교, 직장에 넘치면 정이 솟고 시너지와 신바람이 넘친다. 칭찬은
고래도 춤추게 한다고 하지 않던가.

7. 나누고 배려하라

그동안 앞만 보며 열심히 살아오다 보니, 한국인이 주변에 대
한 배려와 나눔이 부족했던 것이 사실이다. 국가도 가난한 이웃,
소외된 계층에 대한 정책적 배려가 소홀했다. 성장과 나라 키우
기에 급급하다 보니 정책적 우선순위에서 분배 문제는 밀려나
있었던 것이다.

이제는 경제성장에서 소외된 계층, 사회 양극화로 인한 밑바닥
빈곤층, 경쟁에서 탈락한 사람들 및 고령화 사회로 인해 국가가
도움을 주지 않으면 안 될 노령층 등에 대한 국가적 복지시스템
을 확충해야 한다. 이젠 그럴 만한 때가 됐다.

이를 위해 한국인 고유의 정(情)문화를 살려 확산시킬 필요가
있다. 한국은 오래전부터 '이웃사촌' 이라는 한국적 상부상조의
풍습을 통해 남남끼리 서로 가깝게 돕고 살아왔다. 농경시절만
해도 시골에서는 지나가는 나그네를 먹여주고 재워주는 인정도
있었으며, 대가족제도는 가족 모두를 책임졌다. 이러한 상부상

조의 관행을 시스템화하자.

또한 한국은 세계적으로 종교열이 매우 높은 나라다. 인구의 80퍼센트가 교회 아니면 절에 다니고 있다. 이 같은 종교기관들을 정점으로 사회적 범네트워크를 만들어 낙오된 이들을 돕고 격려할 수 있도록 하자.

학교에서는 어린 시절부터 지역사회를 돕는 일을 적극 장려하고 어른이 된 후라도 공공봉사를 주기적으로 할 수 있도록 시스템을 만들자. 마치 정기적으로 예비군 훈련을 받듯 말이다.

이와 함께 정부는 빈곤, 소외계층 지원에 대한 복지정책을 집중적으로 펼치며 대기업, 부유층에 대한 설득이나 분위기 유도를 통해 이들이 자발적인 지원을 할 수 있도록 만들어야 한다. 배려와 나눔은 곧 자신의 기쁨이다.

8. 끝마무리를 잘하라

한국 속담에 '천리 길도 한 걸음부터', '시작이 반이다' 라는 말이 있다. 처음에는 어렵지만 일단 시작하고 노력하면 성공할 수 있다는 긍정적인 의미다. 그 속담처럼 한국인은 시작을 잘한다. 너무 복잡하게 생각하지 않고, 일단 시도해본다는 데 의미를 둔다. 진취성과 행동력, 빨리빨리 정신이 이를 말해준다.

일본인은 한국인의 이런 행동에 두 번 놀란다고 한다. 첫 번째는 한국 기업의 의사결정 시간이 일본 기업의 10분의 1 정도로 짧다는 사실이요, 두 번째는 그렇게 결정한 일이 실패하지 않고 대부분 성공한다는 사실이다.

물론 후닥닥 결정해 다 성공하는 것은 아니다. 어떤 때는 재난을 겪기도 한다. 한국의 대형 사고들이 그렇다. 처음에는 잘 나가다가 끝에 가서 문제가 생기기도 하며 때론 걷잡을 수 없는 지경에 빠지기도 한다. 황우석 교수 사건도 처음에는 잘 나가다 끝에 가서 대충주의, 인기주의에 빠지면서 급전지락했다.

더 절제하고 진득해지고 정교하고 치밀해야 한다. 인간관계에서부터 약속, 비즈니스, 건설, 과학기술, 정부정책에 이르기까지 시작 못지않게 끝도 중요시한다면, 한국 사회는 한 단계 더 업그레이드될 것이 분명하다.

9. 여성을 믿어라

한국처럼 여성을 차별하고 억압하는 나라도 드물었다. 그러면서 동시에 한국처럼 여성에 의지하고 의존적인 나라도 드물었다. 한국 사회는 여성을 집에 가둬놓고 살림살이에만 전념할 것을 강요하면서도 모든 것을 여성에게 의존했다. 남편은 아내가 없으면 집안 일 하나 챙기지 못했고, 자식들은 어머니가 없으면 고아나 다름없었다. 고래로 한국인이 어려움에 처할 때 무심코

내뱉는 말이 바로 '어머', '어머나', '애고머니' 였다.

21세기 들어 지구상에서 여성 지위가 가장 획기적으로 변한 나라가 한국이다. '마초' 한국 사회에 여성 파워가 급격히 강해져 여성 국무총리, 여성 정당대표 등 여성 지도자들이 줄줄이 탄생하고 있으며 금녀의 벽도 허물어지고 있다.

적자생존 법칙에 따라 우성화한 여성 DNA만 살아남아 전수된 탓인지 사회 각계에서 젊은 여성들의 활약이 대단하다. 국제적으로도 프로 골프를 비롯한 스포츠, 문화, 예술 등에서 한국 여성의 활약은 괄목할 만하다.

한국 여성은 강인하다. 진취적이다. 아름답다. 한국 남성이 주축이 돼 이룬 '한강의 기적'에 지금껏 잠들어 있던 여성 인력이 대거 투입됨에 따라 21세기 한국의 미래는 더욱 밝지 않을 수 없다. 여성을 믿어라. 의지하라. 활용하라. 훨씬 인간미 넘치는 선진 사회를 이룩할 수 있을 것이다.

10. 잡종이 돼라

외국인이 가장 좋아하는 음식이 비빔밥이다. 이는 클린턴 대통령과 마이클 잭슨이 서울에서 가장 즐긴 음식이었으며, 대한항공 기내식 역사상 최고의 히트상품이기도 하다. 비빔밥의 핵심 콘셉트는 모든 것을 한데 섞고 버무리고 비빈 다음 먹는다는 데 있다.

곰곰이 생각해보면 한국 사회는 비빔밥 문화다. 휴대폰을 보자. 전화기에 카메라, 인터넷, 캠코더, TV 기능까지 합쳐 놓았다. 이러한 발상은 한국인들만이 한다. 한국의 IT제품은 세계에서 가장 빠르게 컨버전스(융합) 제품으로 바뀌고 있다. 음식도 이것저것 다 넣고 끓이는 섞어찌개, 해물잡탕 등 외국에서 찾아보기 쉽지 않은 음식이 많다.

조선시대의 쇄국정책과 유교주의가 잔존하다 보니 마치 한국인이 다양성을 인정하지 않는 것처럼 보이지만, 사실은 그렇지 않다. 세계 각국에서 그토록 종교갈등과 분쟁이 끊이지 않고 있지만, 한국은 수천 년 동안 전무하다시피하다. 기독교와 불교가 각각 인구의 40퍼센트씩 점하는 지금도 별다른 긴장감이 없다.

한국인은 새로운 것에 대한 호기심이 강하다. 남과 섞이는 것을 두려워하지 않는다. 박정희 정권 시절, 한국인이 처음으로 대거 외국 땅에 진출했을 때 그 적응력은 매우 빨랐다. 바로 비빔밥 정신, 잡종 정신이 있었기 때문이다.

한국인은 강한 유교전통을 이어받아 혈통을 중시한다. 더구나 역사 이래 계속 같은 민족끼리 살다 보니 단일민족에 대한 의식이 강하다. 여기에 기본적으로 새로운 것을 재빨리 받아들여 그것을 우리 것과 섞어 제3의 것, 즉 잡종을 만들어내는 탁월한 기술이 있다.

지금 한국이 뽐내는 IT, 전자, 자동차, BT 제품 중 토종은 거의 없다. 대개 선진국 것을 모방하다가 거기에 우리 아이디어가 결합된 잡종들이다. 이처럼 한국인은 잡종 교배에 능하다.

향후 한국 사회도 한국의 우수한 전통과 문화가 외국 것과 어우러져 보다 업그레이드하는 사회로 발전되어야 한다. 당연히 한국 것만 제일이고 한국인이 최고라는 닫힌 생각에서 벗어나야 한다. 열린 마음이 확대되어 간다면 진정 한국은 세계로부터 존경받는 사회가 될 것이며, 세계를 위해 기여하는 나라가 될 것이다.